Развёртка многогранника проектная книга

Практическое введение в трехмерную геометрию с использованием разверток многогранников с инструкциями.

автор Дэвид Э. МакАдамс
http://www.demcadams.com

Copyright © 2024 by Life Is A Story Problem LLC, Colorado Springs, Colorado. Все права защищены. Никакая часть этой публикации не может быть воспроизведена, сохранена в поисковой системе или передана в любой форме или любыми средствами без прямого письменного согласия владельца авторских прав, за исключением кратких цитат, включенных в критические статьи или обзоры.

Ограниченное разрешение на копирование в образовательных целях. Разрешается копировать отдельные страницы этой книги только для случайного, некоммерческого образовательного использования в соответствии с правилом одной книги: одна книга должна быть куплена для каждого учителя, чьи ученики будут использовать этот материал. Для тех, кто обучается на дому, одна книга должна быть куплена для каждого родителя, обучающего группу детей.

Другие книги Дэвид Э. МакАдамс

Попугай Цвета - Введение в концепцию цветов с использованием рисунков попугаев. Для дошкольников.

Цвета цветов - Введение в концепцию цветов с использованием рисунков цветов. Для дошкольников.

Цвета космоса - Введение в концепцию цветов с использованием фотографий из НАСА. Для дошкольников.

Формы - Введение в геометрические фигуры. Для дошкольников.

Numbers - Введение в концепцию чисел. Для детей от 4 до 7 лет.

What is Bigger Than Anything? (Infinity) (Что такое больший размер, чем все остальное? (Бесконечность)) - Введение в концепцию бесконечности. Для детей от 5 до 8 лет.

Swing Sets (Set Theory) (Качающиеся наборы (теория множеств)) — Введение в теорию множеств. Для детей от 7 до 10 лет.

One Penny, Two (Один пенни, два) — Если пенни Джерри будет удваиваться каждый день, сколько времени пройдет, прежде чем он сможет купить темно-зеленую спортивную машину? Для детей от 8 до 12 лет.

Learning With Play Money Activity Kit (Набор для занятий «Обучение с деньгами») — Обучаем большим числам и счету с игровыми деньгами на сумму более 1 000 000 долларов. Для детей от 7 до 12 лет.

My Favorite Fractals (Volumes 1, 2) (Мои любимые фракталы) — Иллюстрированные книги с чудесными фракталами, представленными в виде изображений с высоким разрешением. Для всех возрастов.

Monster Creatures of the Deep Sea (Чудовищные существа из глубин моря) — Исследуйте самые глубокие океанические впадины. Узнайте о глубоководной среде обитания. Прочитайте о существах, которые живут в глубоководье.

All Math Words Dictionary (Словарь всех математических слов) - Математический словарь для студентов, изучающих предыдущую алгебру, алгебру, геометрию и предысказения. Для детей от 11 до 18 лет

Первый миллион цифр числа Пи - Первый миллион цифр числа Пи. Для всех возрастов.

Первый миллион цифр числа Эйлера - Первый миллион цифр числа Эйлера е. Для всех возрастов.

Квадратный корень из 2 до миллиона цифр - Первый миллион цифр квадратного корня из 2. Для всех возрастов.

Первые сто тысяч простых чисел - Первые сто тысяч простых чисел. Для всех возрастов.

Развёртка многогранника проектная книга - 80 геометрических сетей для копирования, вырезания и склеивания в трехмерные многогранники. Для детей от 8 лет.

Geometric Nets Mega Project Book (Разработка многогранника большая проектная книга) - 253 геометрические сети для копирования, вырезания и склеивания в трехмерные многогранники. Для детей от 8 лет.

Актуальный список см. на сайте https://www.DEMcAdams.com.

Авторы изображений

Все Развёртка многогранника принадлежат Дэвиду Э. МакАдамсу.

Все иллюстрации принадлежат Дэвиду Э. МакАдамсу, если здесь не указано иное.

- **Конус** – LucasVB. Размещено в общественное достояние художником.
- **Куботаэдр** – Svdmolen. Размещено в общественное достояние художником.
- **Плосконосый додекаэдр** – Tom Ruen. Размещено в общественное достояние художником.
- **Усеченный куботаэдр** – Svmolen. Размещено в общественное достояние художником.
- **Усеченный додекаэдр** – Harkonnen2. Размещено в общественное достояние художником.
- **Усеченный икосаэдр** – Svmolen. Размещено в общественное достояние художником.
- **Усечённый октаэдр** – InductiveLoad. Размещено в общественное достояние художником.

Оглавление

Приступаем к работе...1
Дважды удлиненная треугольная антипризма.......................................3
Конус..5
Куб..7
Кубооктаэдр...9
Цилиндр..11
Десятиугольный Антипризма...13
Десятиугольный Призма..15
Дельтоидальный икоситетраэдр...17
Игральная кость...19
Гекзакисоктаэдр...21
Правильный додекаэдр...23
Дважды удлиненный пятискатный купол...25
Удлинённая пятиугольная бипирамида...27
Удлинённая пятиугольная пирамида...29
Удлинённая четырёхугольная бипирамида...31
Удлинённая четырёхугольная пирамида...33
Удлиненная треугольная антипризма..35
Удлинённый трёхскатный купол..37
Удлинённая треугольная бипирамида...39
Удлинённая треугольная пирамида...41
Усеченный конус десятиугольный Пирамида....................................43
Усеченный конус четырехугольная пирамида...................................45
Усеченный конус Треугольная Пирамида..47
Большой додекаэдр...49
Большой звёздчатый додекаэдр...51
Скрученно удлинённая пятиугольная пирамида................................55
Скрученно удлинённая четырёхугольная бипирамида......................57
Скрученно удлинённая Прямоугольный параллелепипед.................59
Скрученно удлинённая Квадратная пирамида....................................61
Семиугольная Пирамида..63
Гептаэдр 4,4,4,3,3,3,3..65
Гептаэдр 5,5,5,4,4,4,3..67
Гептаэдр 6,6,4,4,4,3,3..69
Шестиугольная призма...71
Шестиугольная Пирамида..73
Шестигранники 4,4,4,4,3,3...75
Шестигранники 5,4,4,3,3,3...77
Шестигранники 5,5,4,4,3,3...79
Правильный икосаэдр...81
Икосододекаэдр...83
Наклонная квадратная пирамида...85
Восьмиугольная антипризма..87
Правильный октаэдр...89

Пятиугольная антипризма..91
Пятискатный купол...93
Пятиугольная бипирамида..95
Пятиугольная призма..97
Пятиугольная пирамида..99
Пятискатная ротонда...101
Пентаграмматическая призма..103
Прямоугольная пирамида...105
Ромбическая призма...107
Ромбокубооктаэдр...109
Маленький ромбидодекаэдр..111
Малый звёздчатый додекаэдр..115
Курносый куб..119
Плосконосый додекаэдр...123
Квадратная антипризма..127
Четырёхскатный купол...129
Квадратная пирамида...131
Квадратный трапецоэдр...133
Звёздчатый октаэдр..135
Правильный тетраэдр...137
Тетракисгексаэдр..139
Триакисоктаэдр...141
Триакистетраэдр...143
Трёхскатный купол...145
Треугольная бипирамида...147
Треугольный пентаэдр...149
Треугольная призма...151
Косой Треугольная пирамида...153
Усечённый куб..155
Усечённый кубооктаэдр...157
Усечённый додекаэдр...159
Усечённый икосаэдр...163
Ромбоусечённый икосододекаэдр...169
Усечённый октаэдр...175
Усечённый тетраэдр...177
Прямой пятиугольный звезда пирамида................................179
Усеченный квадратный трапецоэдр.......................................181

Приступаем к работе

Что такое развёртка многогранника?

Развертка многогранника — это плоский рисунок, который можно сложить в трехмерную фигуру. Например, из шести одинаковых квадратов можно сделать куб. Это потому, что у куба шесть сторон, все из которых являются одинаковыми квадратами. Каждый из рисунков в этой книге можно сложить в трехмерный геометрический объект.

Большинство разверток многогранника складываются в тела с плоскими сторонами. Есть несколько исключений. Цилиндр можно сделать из прямоугольника и двух кругов. Конус можно сделать из круга и треугольника с изогнутым дном.

Насколько сложно сделать твердое тело из развёртки многогранника?

Некоторые из них легкие, а некоторые сложные. По сути, чем больше сторон у твердого тела, тем сложнее его построить из разворачивающегося многогранника. Начните с легких и постепенно переходите к сложным.

Как построить модель твердого тела из развертки многогранника?

Начните с создания копии страницы, на которой нарисована развертка многогранника. Если вы хотите украсить развертку многогранника, нарисовав ее или раскрасив, сделайте это до того, как вырежете ее.
Затем аккуратно вырежьте ножницами по сплошным линиям. Иногда две смежные грани разделяют линию на рисунке, которую нужно вырезать. Эта линия будет сплошной.

После того, как фигура будет вырезана, начните складывать по пунктирным линиям. Если развертка многогранника имеет пунктирные линии, сложите их назад по пунктирным линиям. Используйте небольшие кусочки прозрачной ленты, чтобы скрепить края вместе. Когда все края будут склеены, ваша фигура будет готова.

Дважды удлиненная треугольная антипризма

1. Разрежьте по сплошным линиям.
2. Согните по пунктирным линиям.
3. Сложите обратно по линиям дефиса.
4. Используйте прозрачную ленту для фиксации.

Если вы хотите нарисовать или раскрасить сетку, сделайте это до того, как склеите ее. Если вы хотите украсить ее, приклеив украшения, сначала склейте ее.

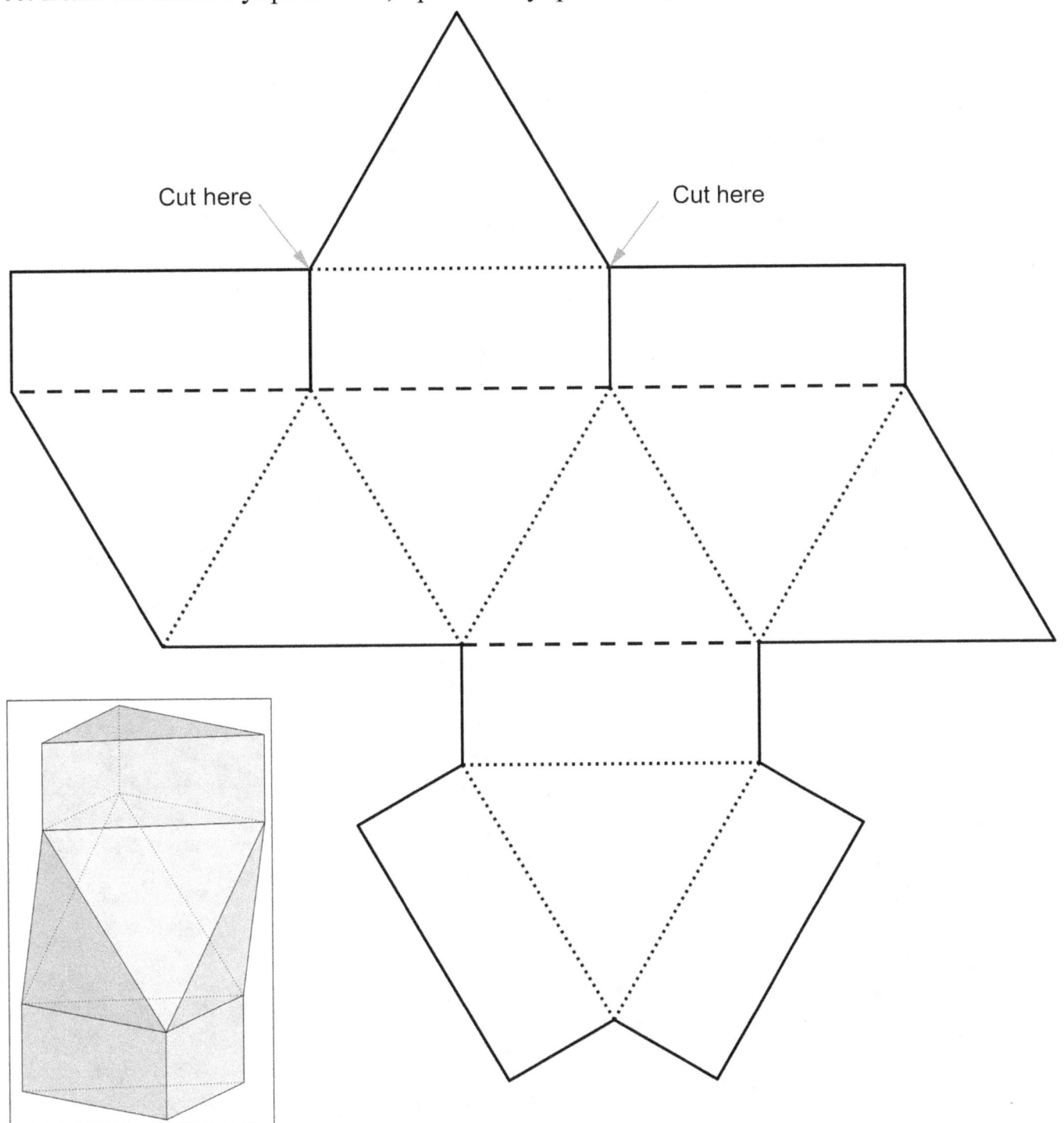

Развёртка многогранника проектная книга автор Дэвид Э. МакАдамс

Конус

1. Вырежьте по сплошным линиям. Постарайтесь, чтобы две части были вместе.
2. Используйте прозрачную ленту, чтобы скрепить.

Если вы хотите нарисовать или раскрасить сетку, сделайте это до того, как склеите ее. Если вы хотите украсить ее, приклеив украшения, сначала склейте ее.

Куб

1. Вырежьте по сплошным линиям.
2. Согните по пунктирным линиям.
3. Используйте прозрачную ленту для закрепления.

Если вы хотите нарисовать или раскрасить сетку, сделайте это до того, как склеите ее. Если вы хотите украсить ее, приклеив украшения, сначала склейте ее.

Кубооктаэдр

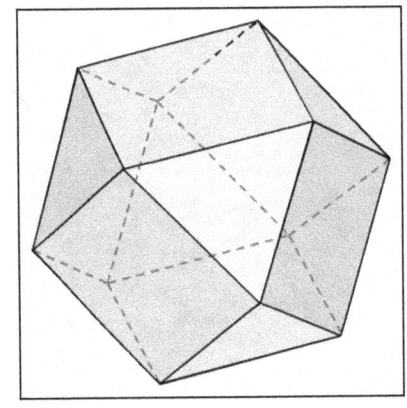

1. Вырежьте по сплошным линиям.
2. Согните по пунктирным линиям.
3. Используйте прозрачную ленту для закрепления.

Если вы хотите нарисовать или раскрасить сетку, сделайте это до того, как склеите ее. Если вы хотите украсить ее, приклеив украшения, сначала склейте ее.

Развёртка многогранника проектная книга автор Дэвид Э. МакАдамс
Авторские права 2024. Разрешено копирование только для случайного некоммерческого использования в образовательных целях.
См. уведомление об авторских правах для получения дополнительной информации.

Цилиндр

1. Cut out along the solid lines. Try to not cut the circles off of the rectangle.
2. Roll the rectangle into a cylinder.
3. Fold the circles down to match the cylinder.
4. Use clear tape to fasten.

Если вы хотите нарисовать или раскрасить сетку, сделайте это до того, как склеите ее. Если вы хотите украсить ее, приклеив украшения, сначала склейте ее.

Десятиугольный Антипризма

1. Вырежьте по сплошным линиям.
2. Согните по пунктирным линиям.
3. Используйте прозрачную ленту для закрепления.

Если вы хотите нарисовать или раскрасить сетку, сделайте это до того, как склеите ее. Если вы хотите украсить ее, приклеив украшения, сначала склейте ее.

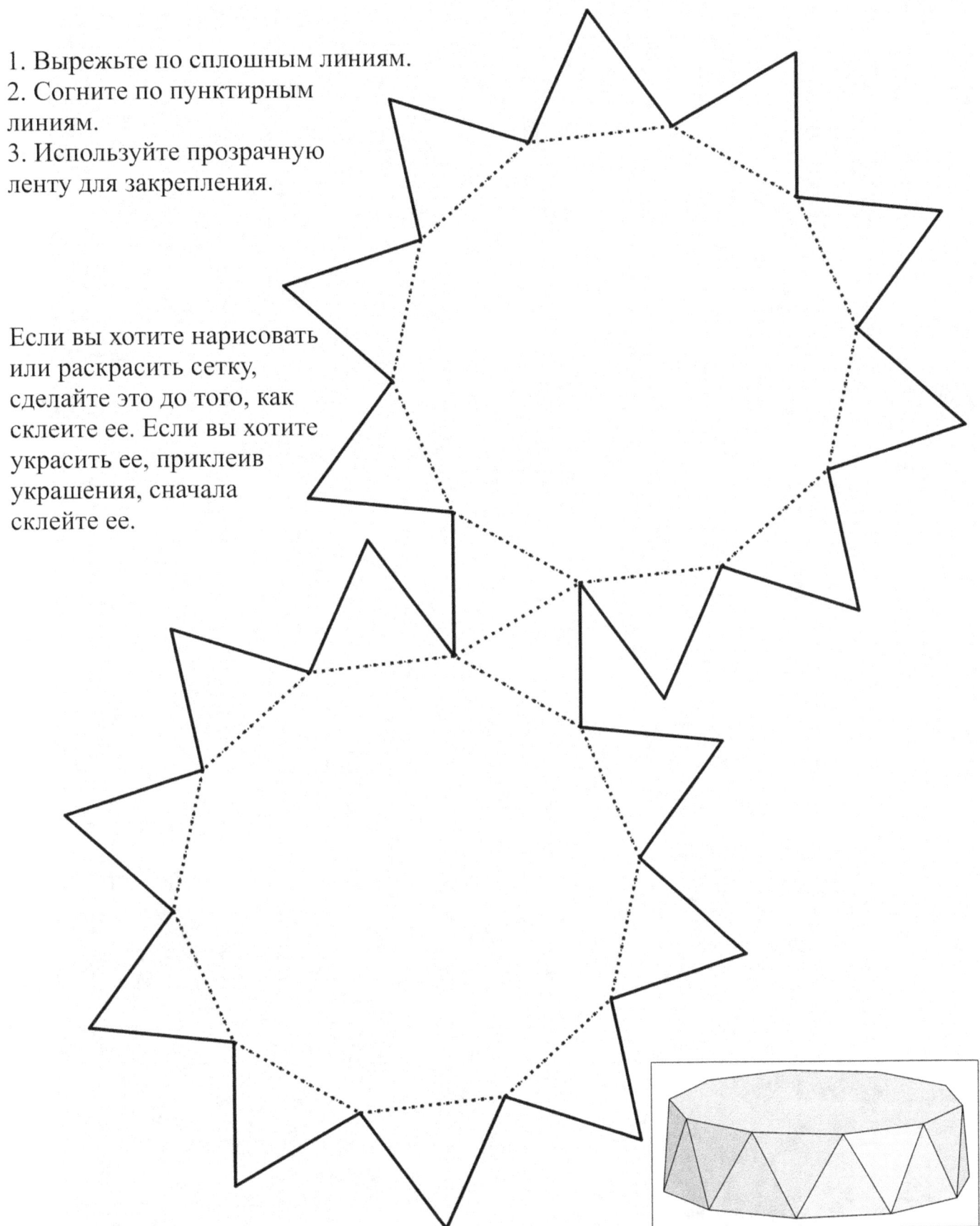

Развёртка многогранника проектная книга автор Дэвид Э. МакАдамс

Десятиугольный Призма

1. Вырежьте по сплошным линиям.
2. Согните по пунктирным линиям.
3. Используйте прозрачную ленту для закрепления.

Если вы хотите нарисовать или раскрасить сетку, сделайте это до того, как склеите ее. Если вы хотите украсить ее, приклеив украшения, сначала склейте ее.

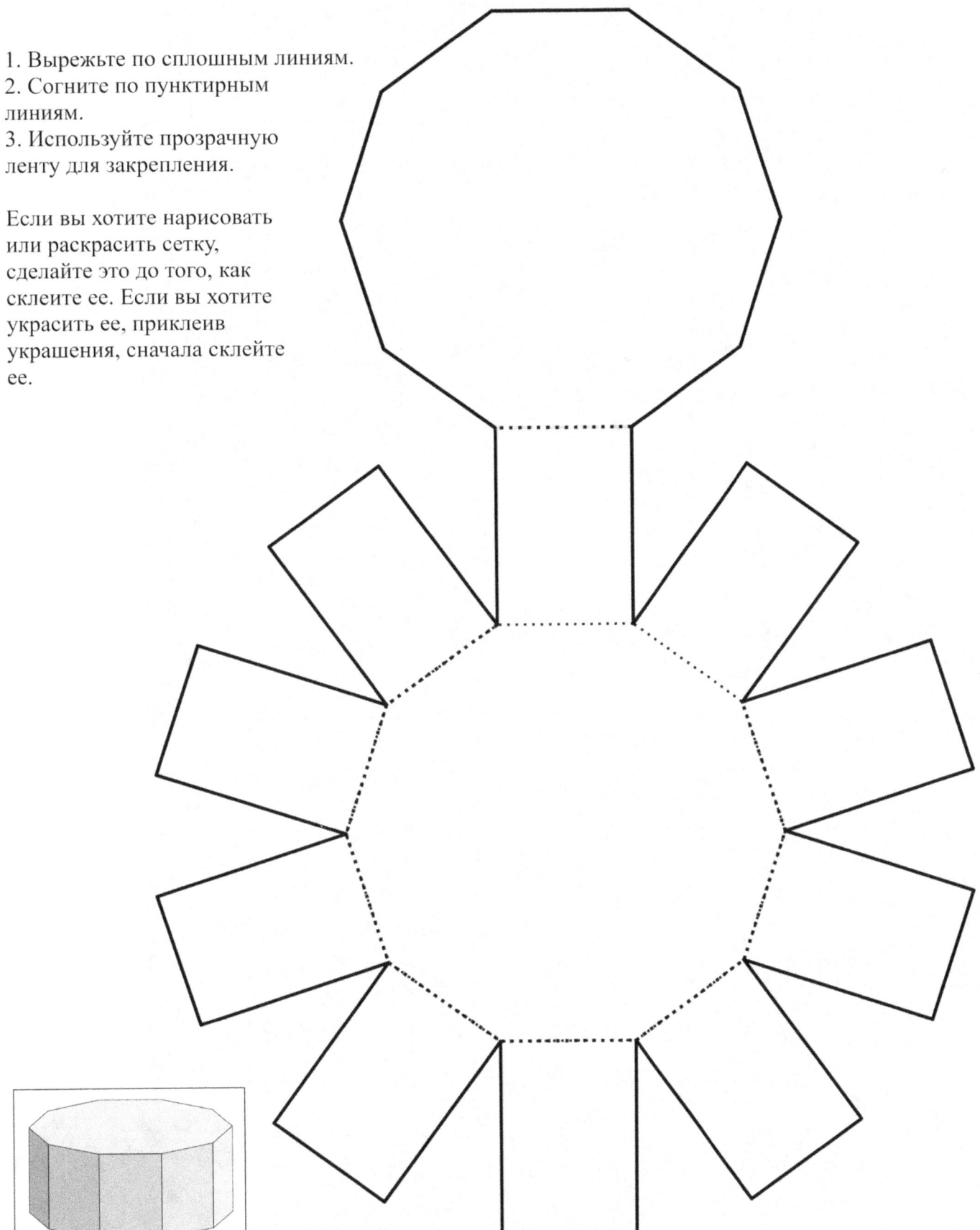

Дельтоидальный икоситетраэдр

1. Вырежьте по сплошным линиям.
2. Согните по пунктирным линиям.
3. Используйте прозрачную ленту для закрепления.

Если вы хотите нарисовать или раскрасить сетку, сделайте это до того, как склеите ее. Если вы хотите украсить ее, приклеив украшения, сначала склейте ее.

Развёртка многогранника проектная книга автор Дэвид Э. МакАдамс

Авторские права 2024. Разрешено копирование только для случайного некоммерческого использования в образовательных целях. См. уведомление об авторских правах для получения дополнительной информации.

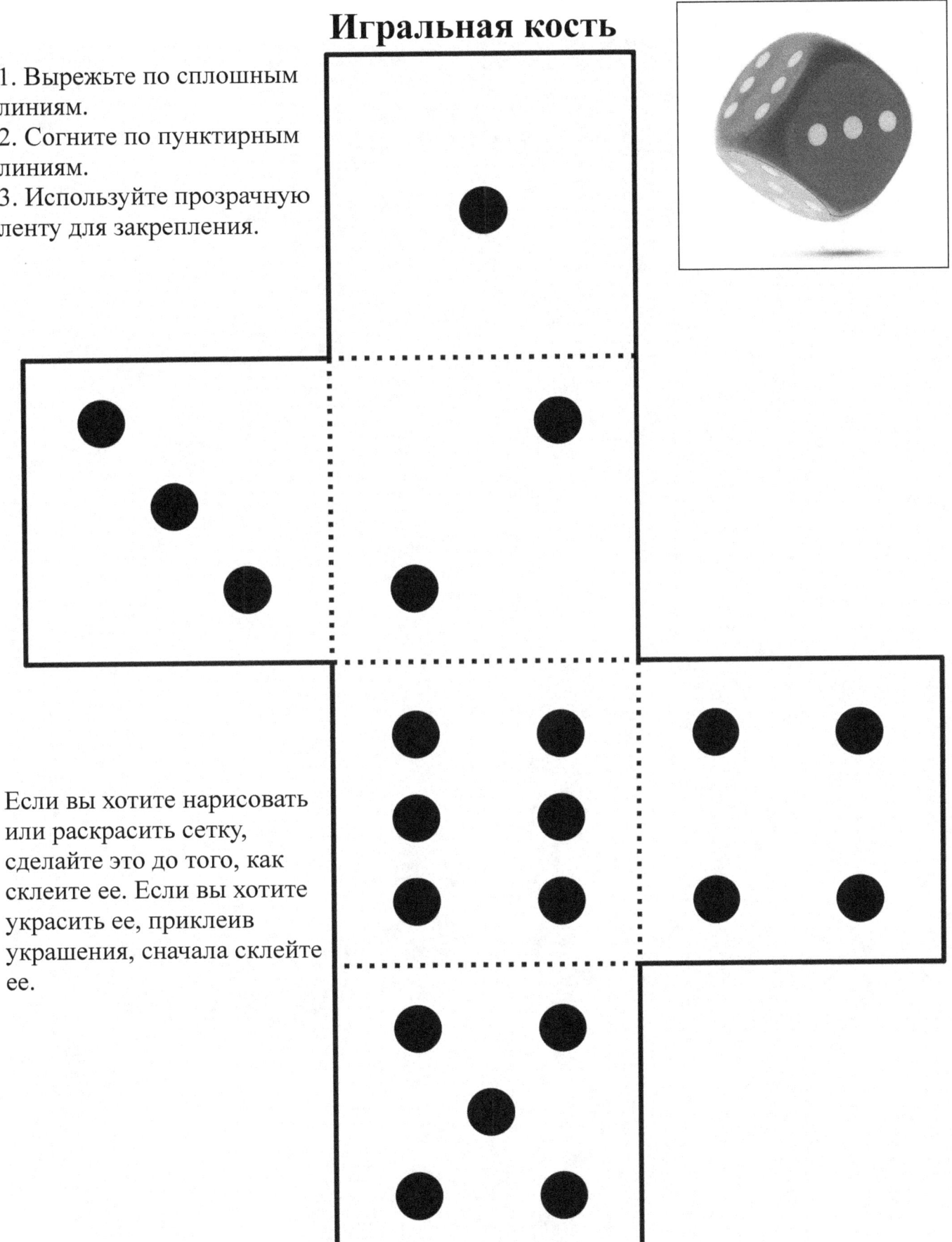

Гекзакисоктаэдр

1. Вырежьте по сплошным линиям.
2. Согните по пунктирным линиям.
3. Используйте прозрачную ленту для закрепления.

Если вы хотите нарисовать или раскрасить сетку, сделайте это до того, как склеите ее. Если вы хотите украсить ее, приклеив украшения, сначала склейте ее.

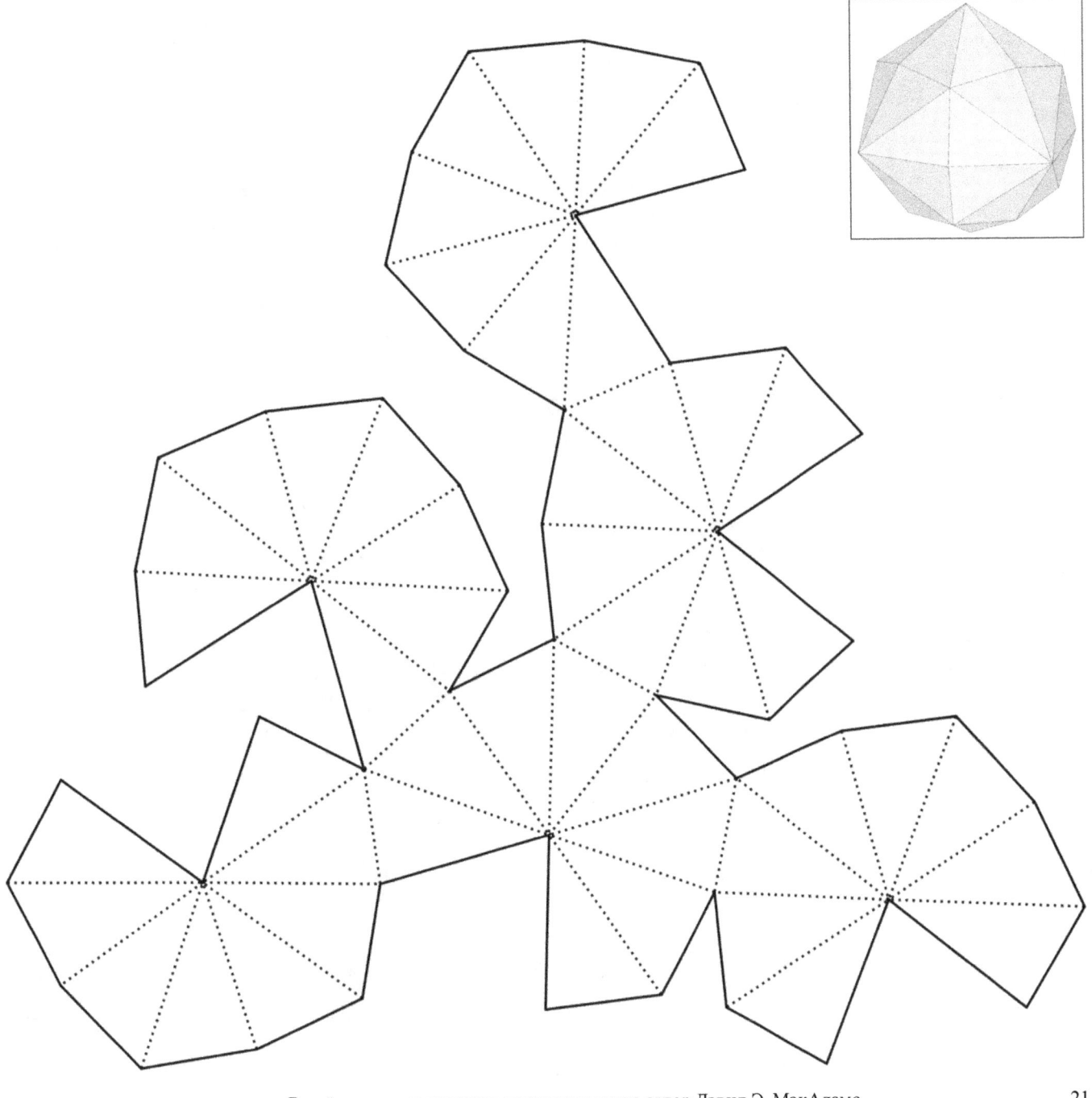

Правильный додекаэдр

1. Вырежьте по сплошным линиям.
2. Согните по пунктирным линиям.
3. Используйте прозрачную ленту для закрепления.

Если вы хотите нарисовать или раскрасить сетку, сделайте это до того, как склеите ее. Если вы хотите украсить ее, приклеив украшения, сначала склейте ее.

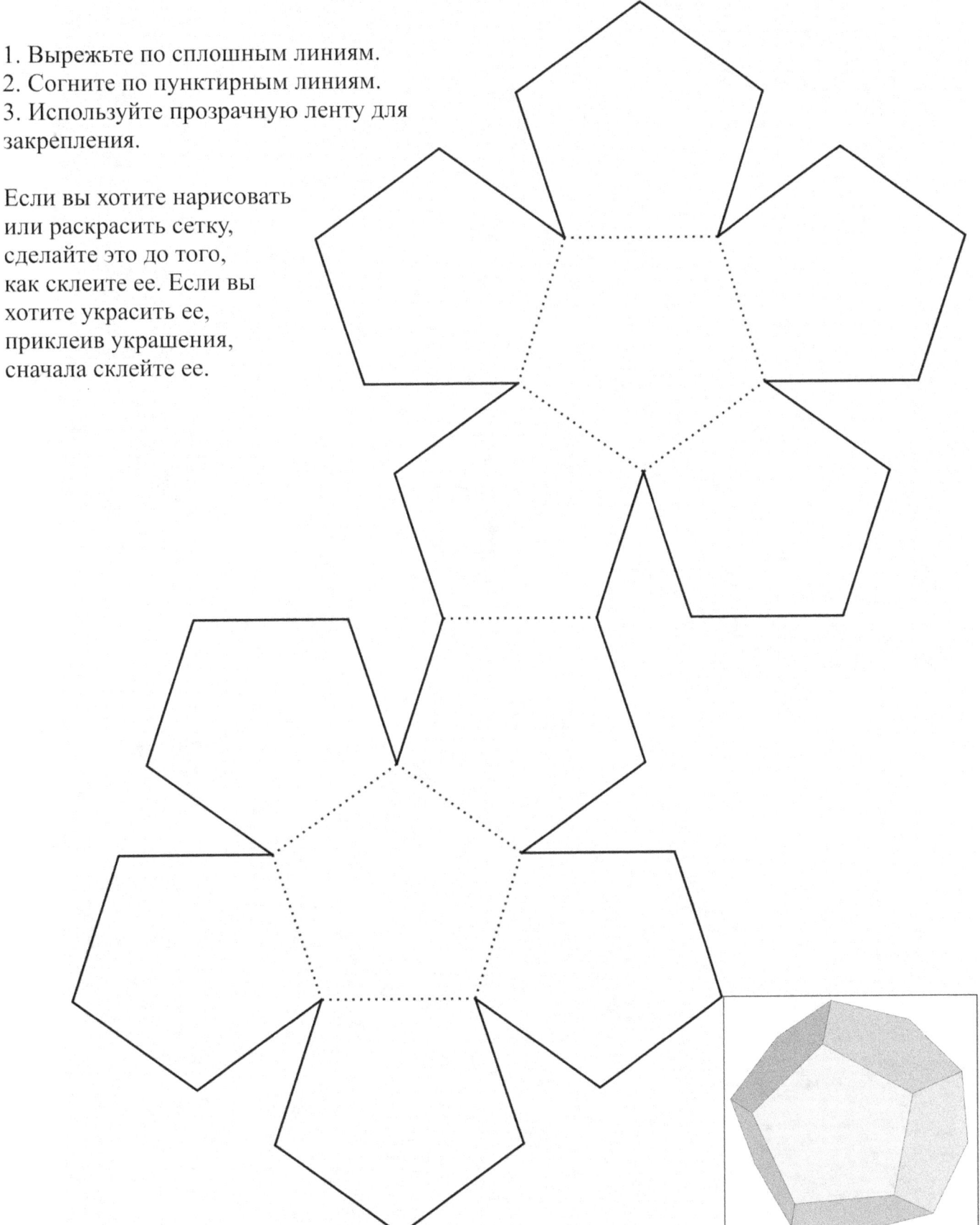

Дважды удлиненный пятискатный купол

1. Вырежьте по сплошным линиям.
2. Согните по пунктирным линиям.
3. Используйте прозрачную ленту для закрепления.

Если вы хотите нарисовать или раскрасить сетку, сделайте это до того, как склеите ее. Если вы хотите украсить ее, приклеив украшения, сначала склейте ее.

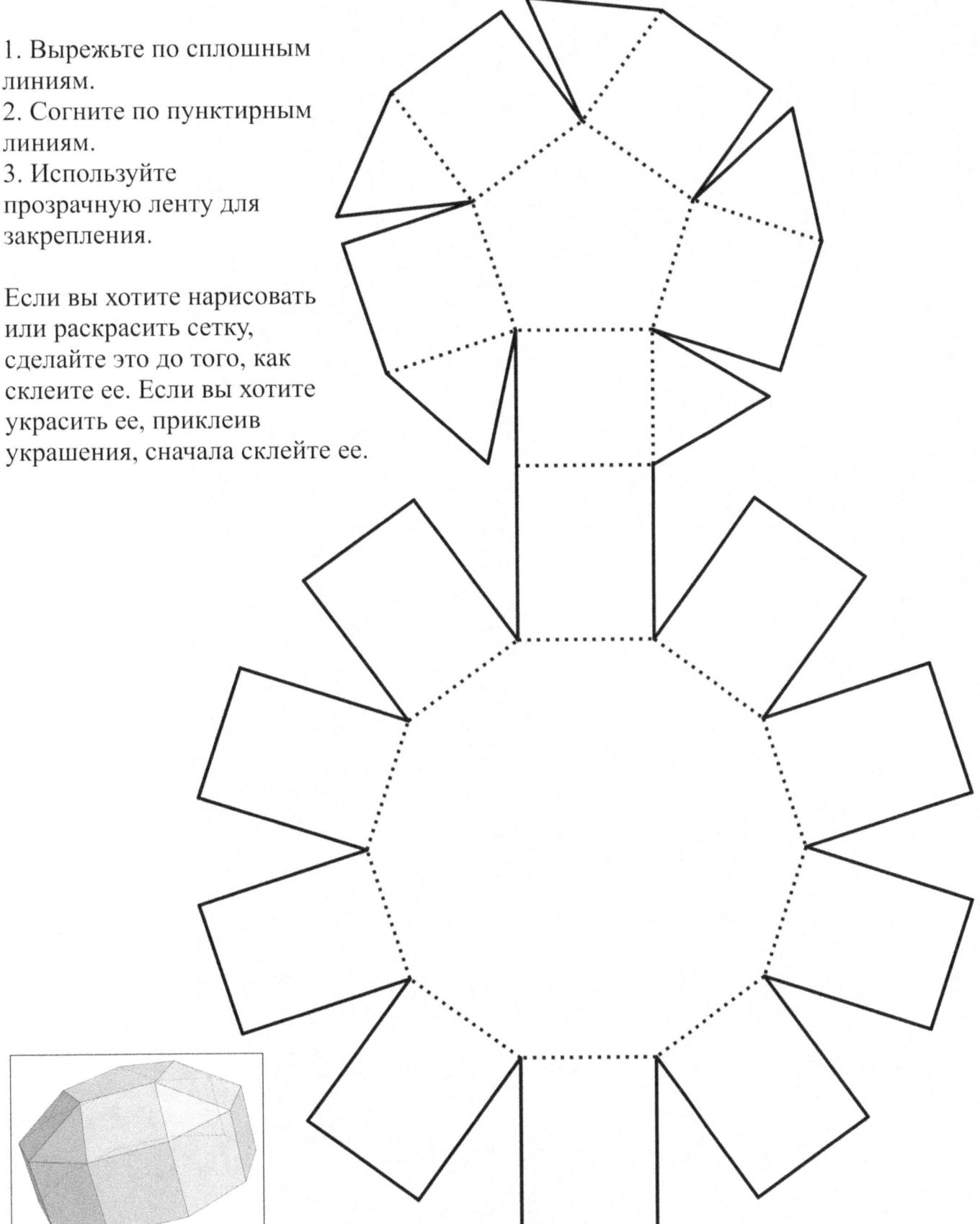

Удлинённая пятиугольная бипирамида

1. Вырежьте по сплошным линиям.
2. Согните по пунктирным линиям.
3. Используйте прозрачную ленту для закрепления.

Если вы хотите нарисовать или раскрасить сетку, сделайте это до того, как склеите ее. Если вы хотите украсить ее, приклеив украшения, сначала склейте ее.

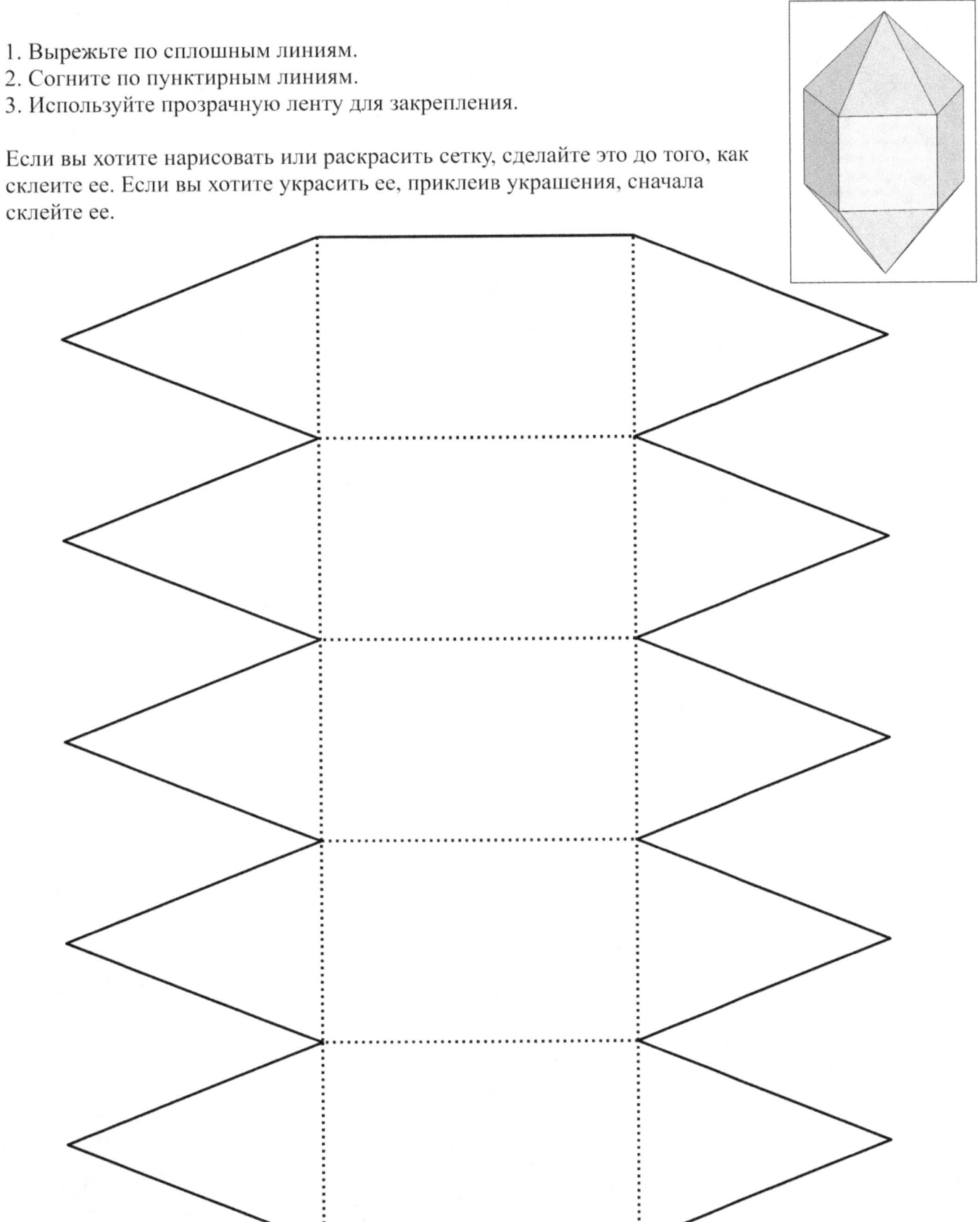

Удлинённая пятиугольная пирамида

1. Вырежьте по сплошным линиям.
2. Согните по пунктирным линиям.
3. Используйте прозрачную ленту для закрепления.

Если вы хотите нарисовать или раскрасить сетку, сделайте это до того, как склеите ее. Если вы хотите украсить ее, приклеив украшения, сначала склейте ее.

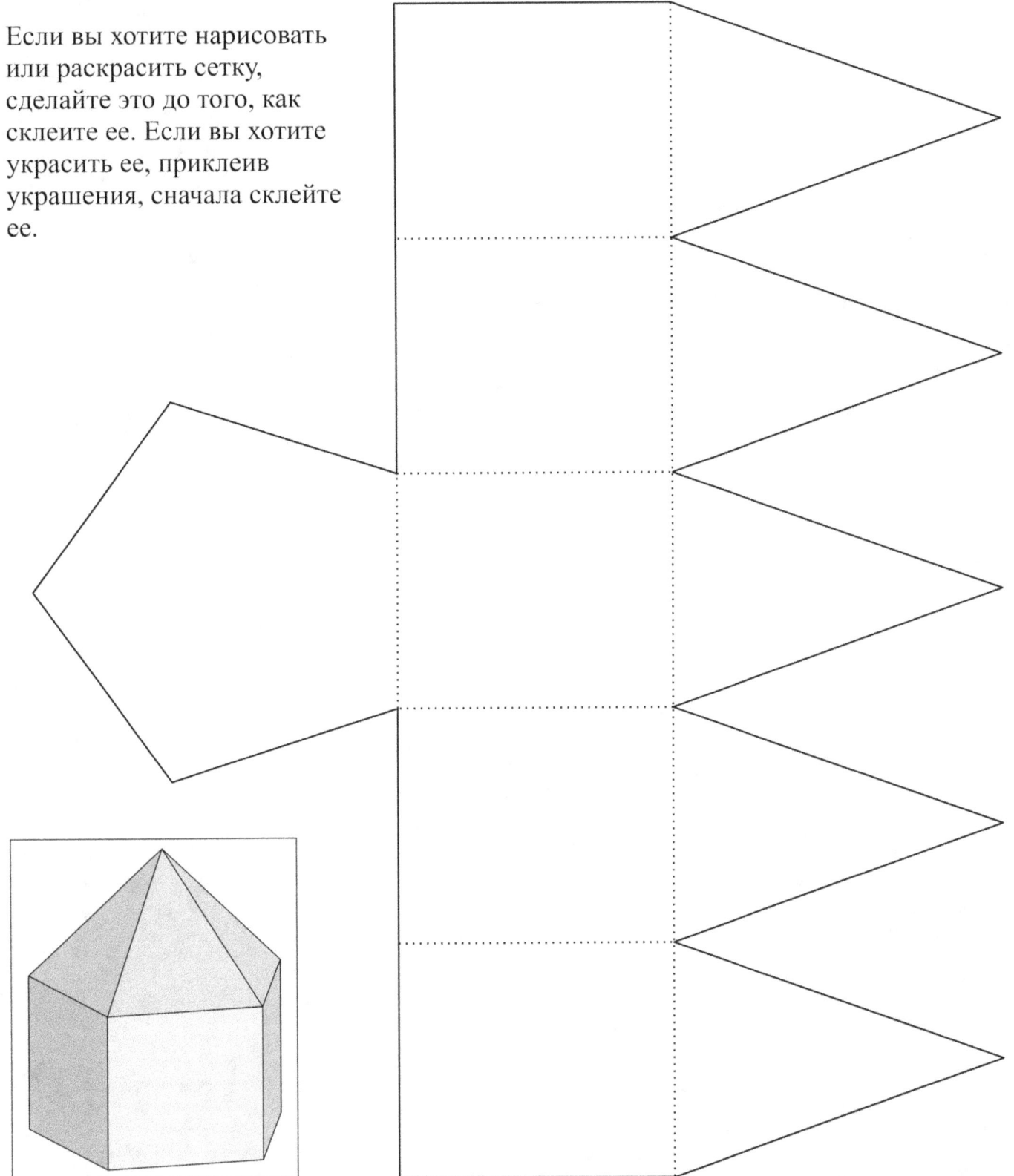

Развёртка многогранника проектная книга автор Дэвид Э. МакАдамс

Авторские права 2024. Разрешено копирование только для случайного некоммерческого использования в образовательных целях. См. уведомление об авторских правах для получения дополнительной информации.

Удлинённая четырёхугольная бипирамида

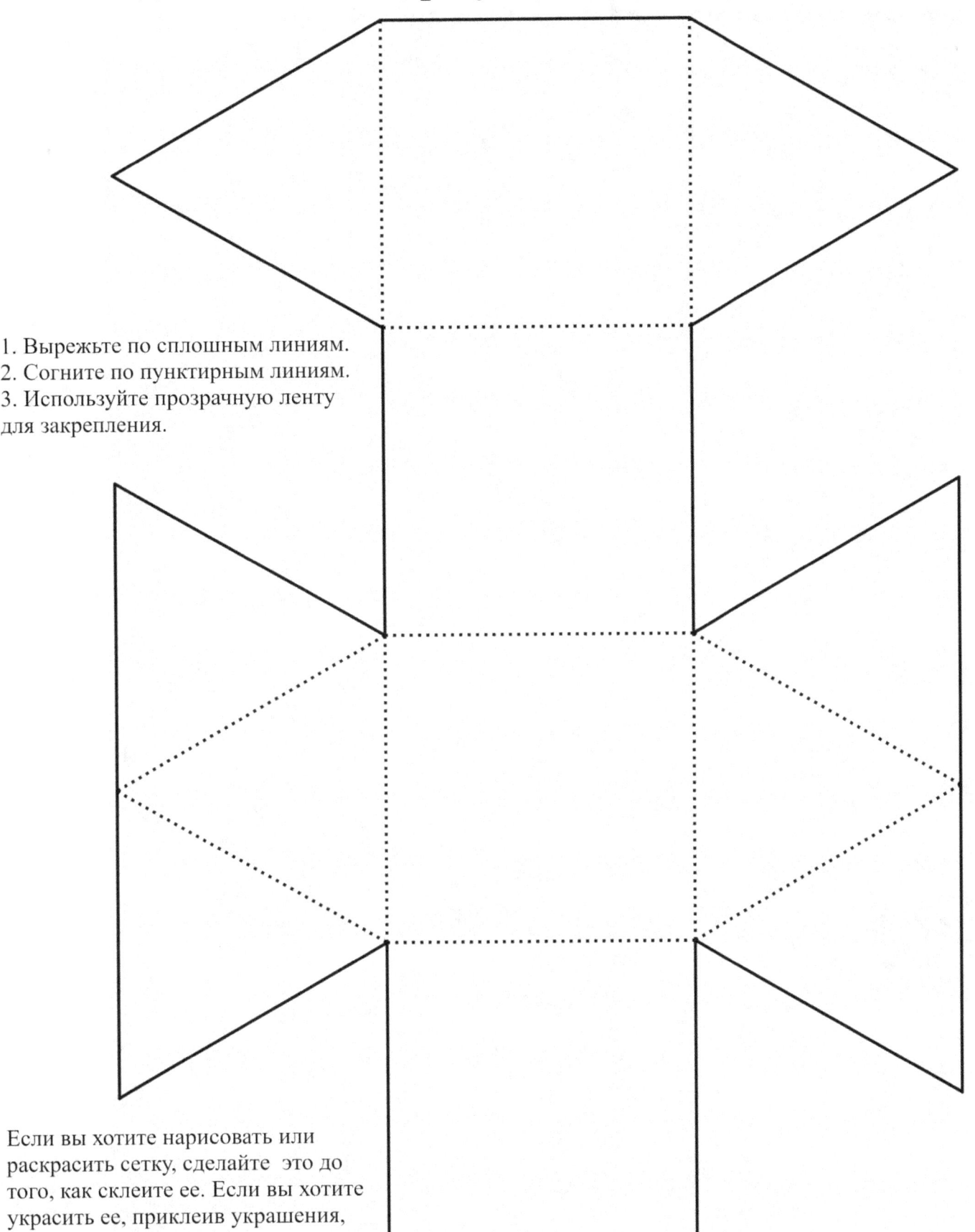

1. Вырежьте по сплошным линиям.
2. Согните по пунктирным линиям.
3. Используйте прозрачную ленту для закрепления.

Если вы хотите нарисовать или раскрасить сетку, сделайте это до того, как склеите ее. Если вы хотите украсить ее, приклеив украшения, сначала склейте ее.

Удлинённая четырёхугольная пирамида

1. Вырежьте по сплошным линиям.
2. Согните по пунктирным линиям.
3. Используйте прозрачную ленту для закрепления.

Если вы хотите нарисовать или раскрасить сетку, сделайте это до того, как склеите ее. Если вы хотите украсить ее, приклеив украшения, сначала склейте ее.

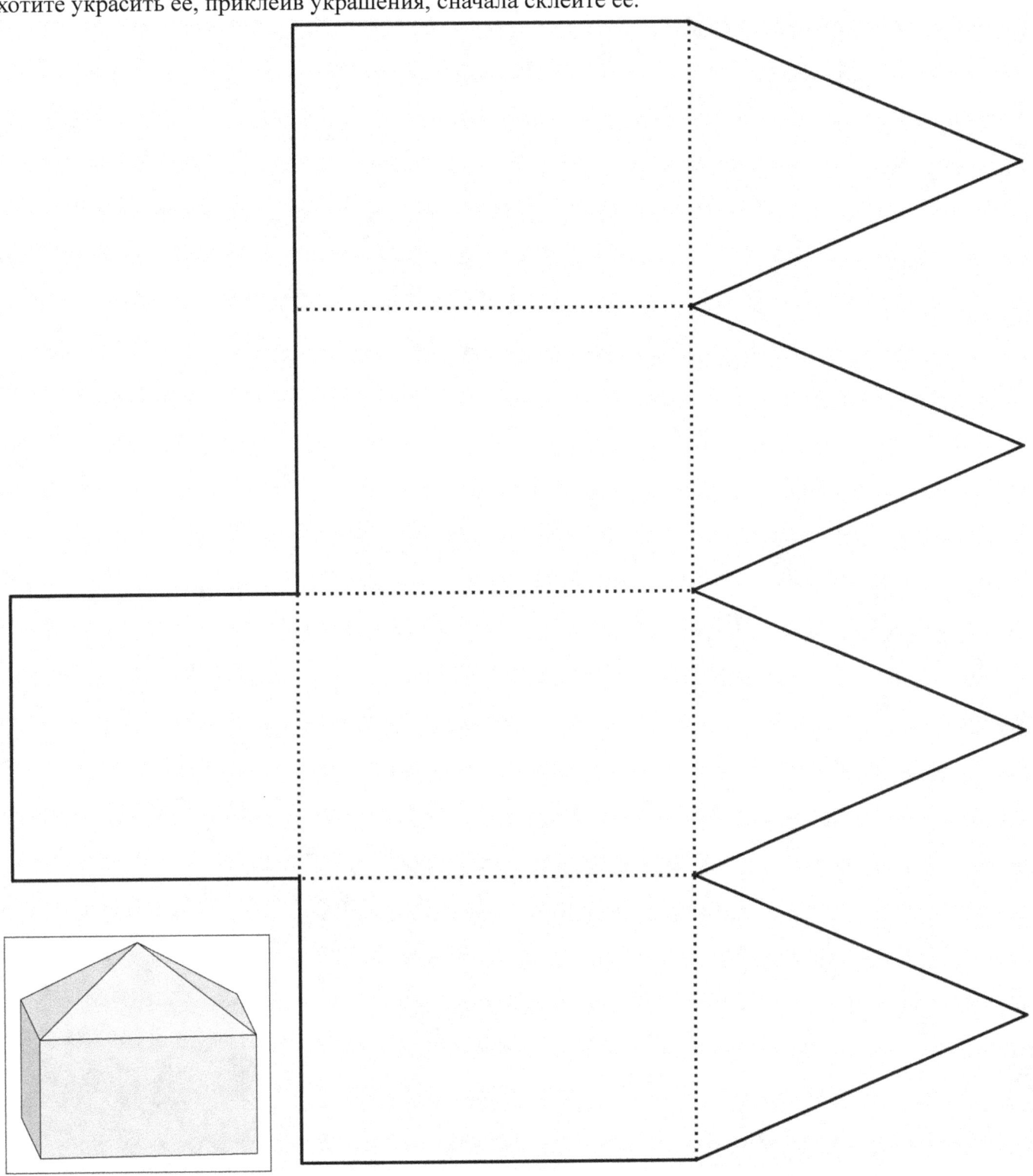

Удлиненная треугольная антипризма

1. Разрежьте по сплошным линиям.
2. Согните по пунктирным линиям.
3. Сложите обратно по линиям дефиса.
4. Используйте прозрачную ленту для фиксации.

Если вы хотите нарисовать или раскрасить сетку, сделайте это до того, как склеите ее. Если вы хотите украсить ее, приклеив украшения, сначала склейте ее.

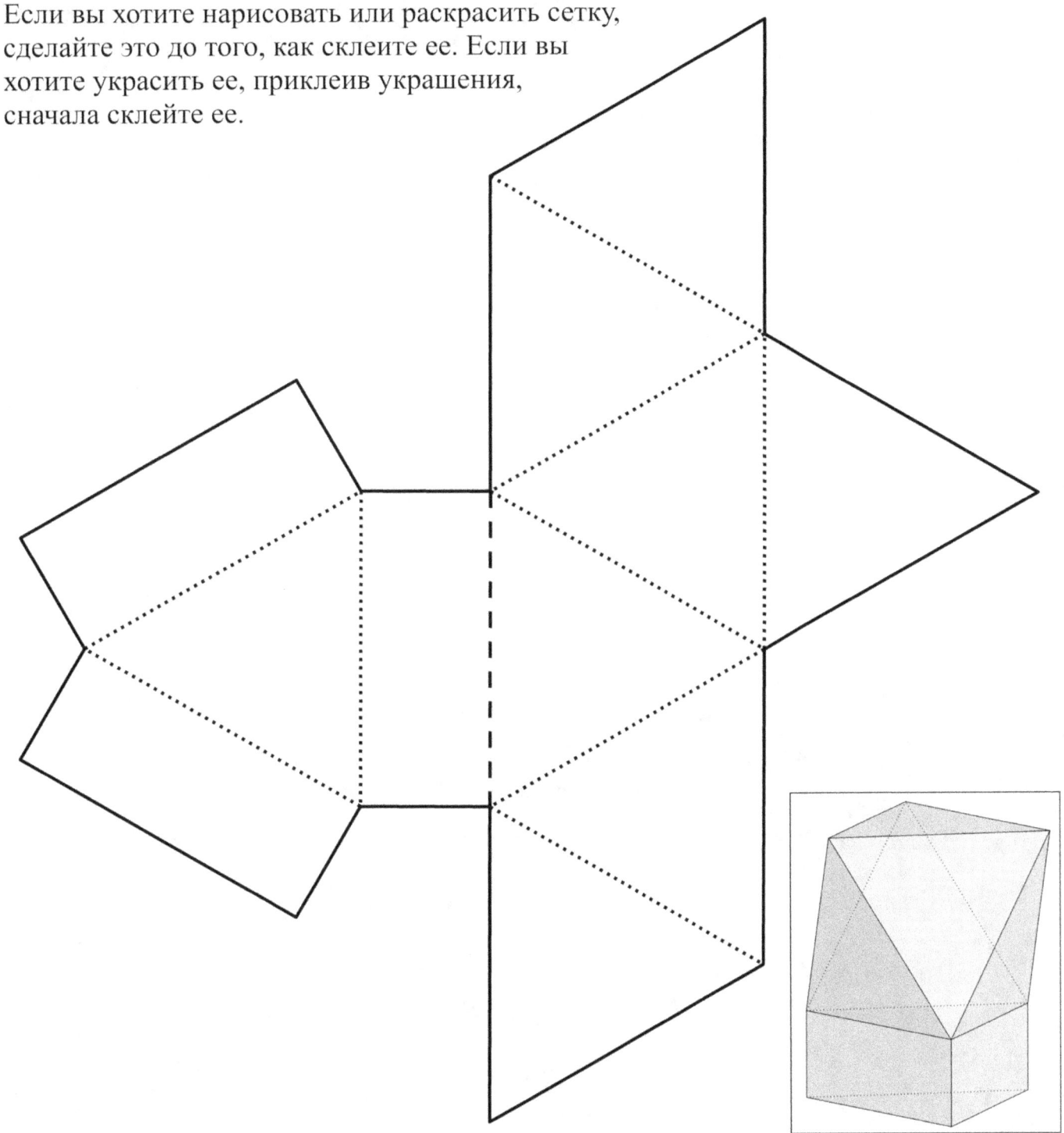

Удлинённый трёхскатный купол

1. Вырежьте по сплошным линиям.
2. Согните по пунктирным линиям.
3. Используйте прозрачную ленту для закрепления.

Если вы хотите нарисовать или раскрасить сетку, сделайте это до того, как склеите ее. Если вы хотите украсить ее, приклеив украшения, сначала склейте ее.

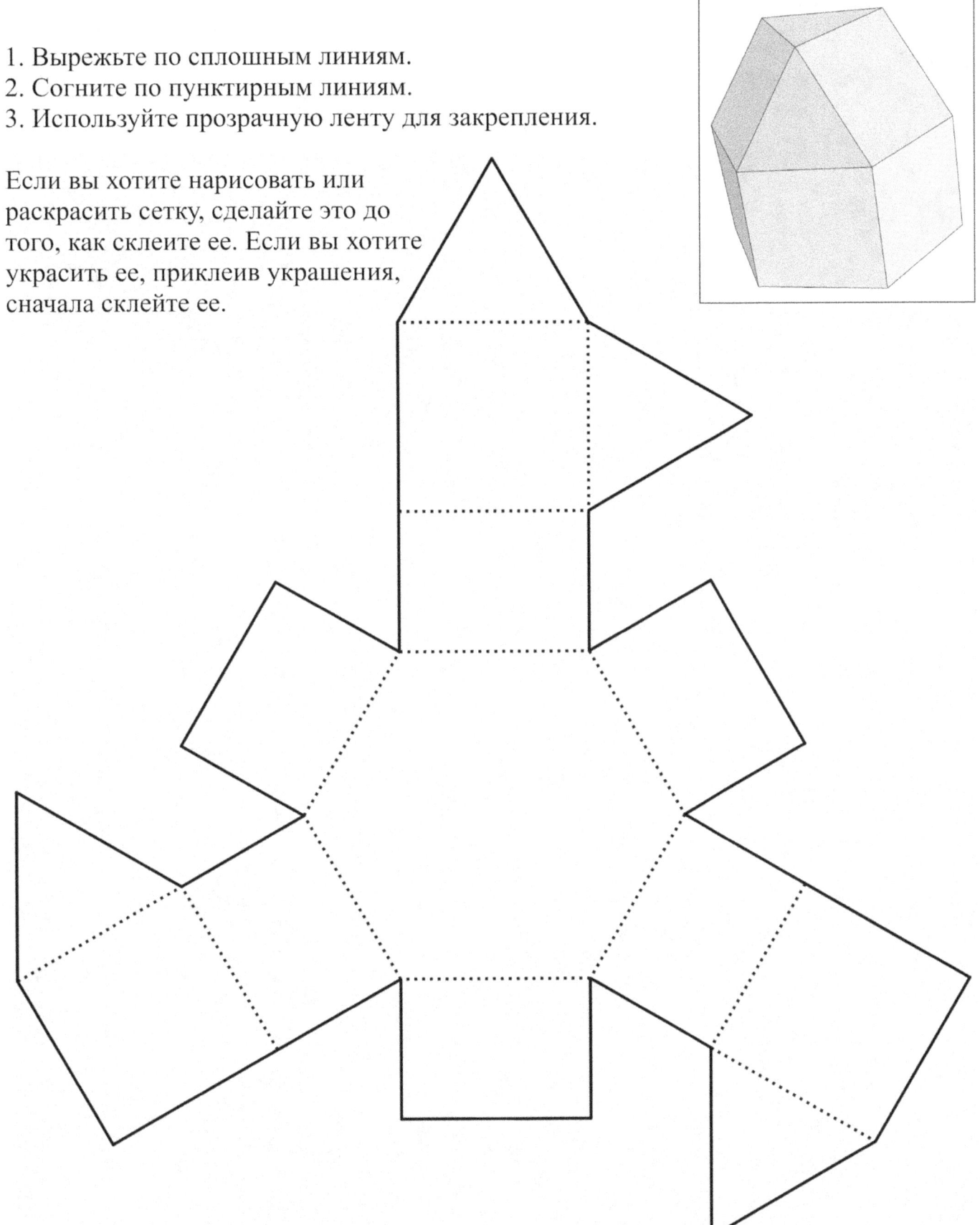

Удлинённая треугольная бипирамида

1. Вырежьте по сплошным линиям.
2. Согните по пунктирным линиям.
3. Используйте прозрачную ленту для закрепления.

Если вы хотите нарисовать или раскрасить сетку, сделайте это до того, как склеите ее. Если вы хотите украсить ее, приклеив украшения, сначала склейте ее.

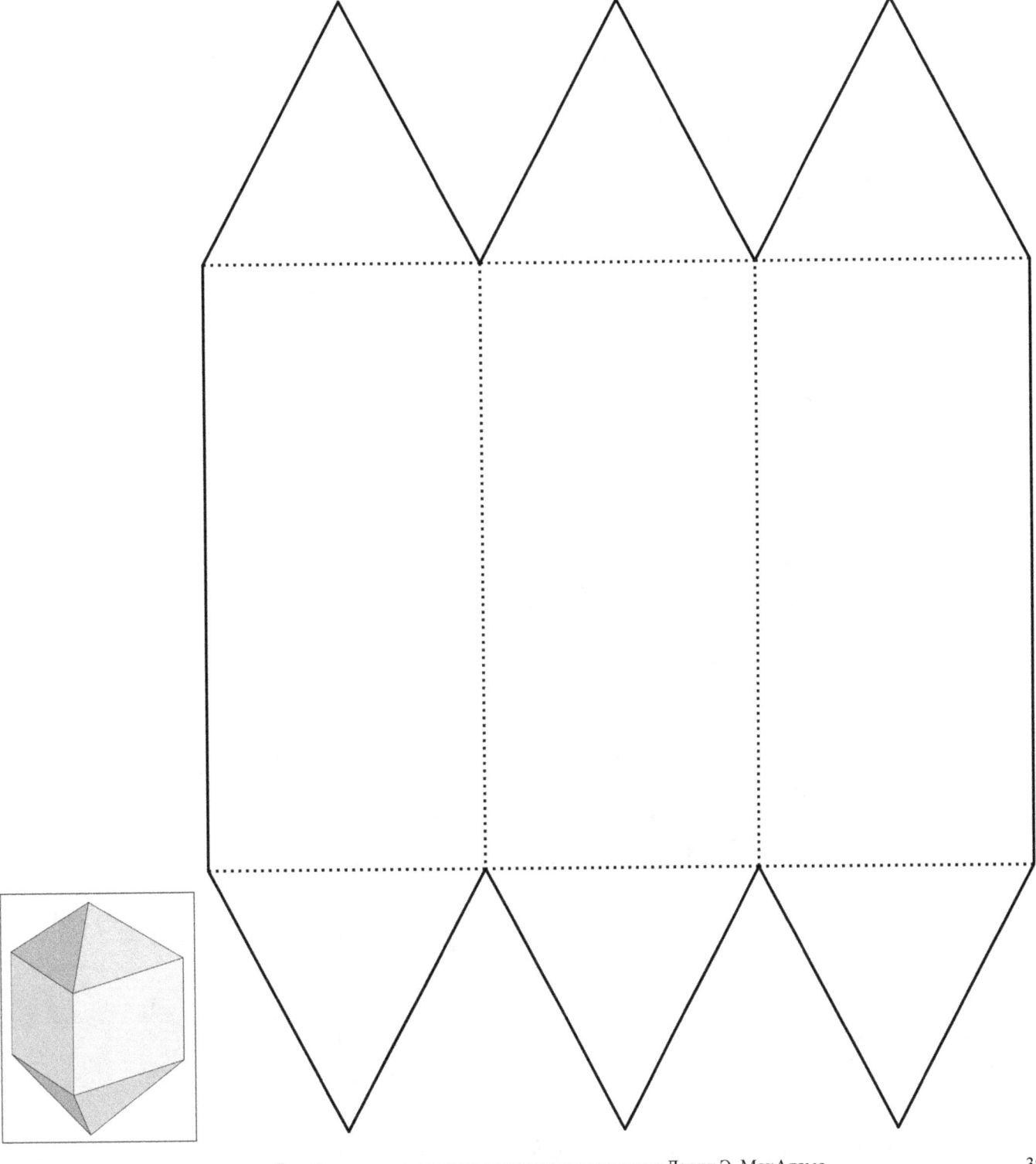

Удлинённая треугольная пирамида

1. Вырежьте по сплошным линиям. 2. Согните по пунктирным линиям.
3. Используйте прозрачную ленту для закрепления.

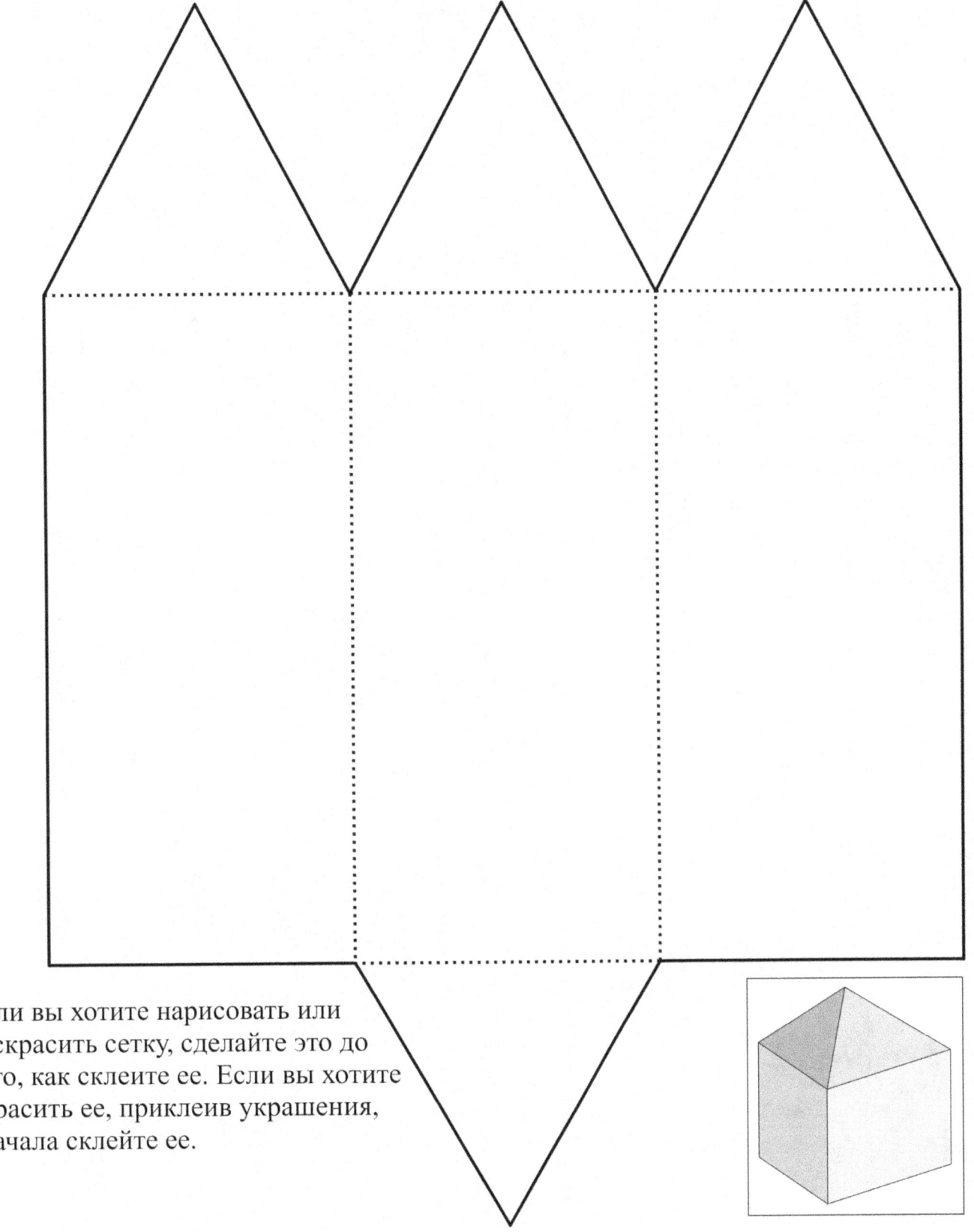

Если вы хотите нарисовать или раскрасить сетку, сделайте это до того, как склеите ее. Если вы хотите украсить ее, приклеив украшения, сначала склейте ее.

Усеченный конус десятиугольный пирамида

1. Вырежьте по сплошным линиям.
2. Согните по пунктирным линиям.
3. Используйте прозрачную ленту для закрепления.

Если вы хотите нарисовать или раскрасить сетку, сделайте это до того, как склеите ее. Если вы хотите красить ее, приклеив украшения, сначала склейте ее.

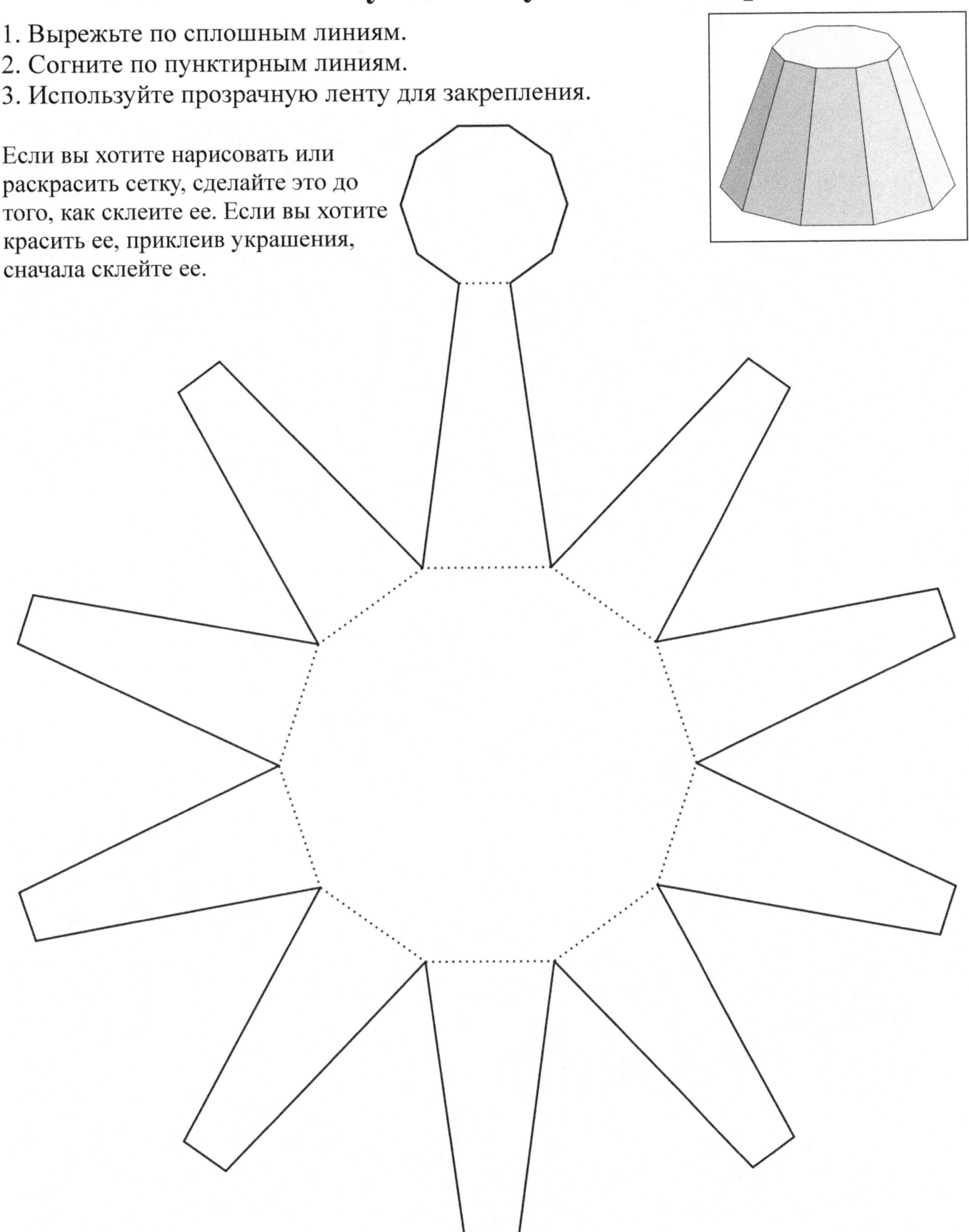

Развёртка многогранника проектная книга автор Дэвид Э. МакАдамс
Авторские права 2024. Разрешено копирование только для случайного некоммерческого использования в образовательных целях. См. уведомление об авторских правах для получения дополнительной информации.

Усеченный конус четырехугольная пирамида

1. Вырежьте по сплошным линиям.
2. Согните по пунктирным линиям.
3. Используйте прозрачную ленту для закрепления.

Если вы хотите нарисовать или раскрасить сетку, сделайте это до того, как склеите ее. Если вы хотите украсить ее, приклеив украшения, сначала склейте ее.

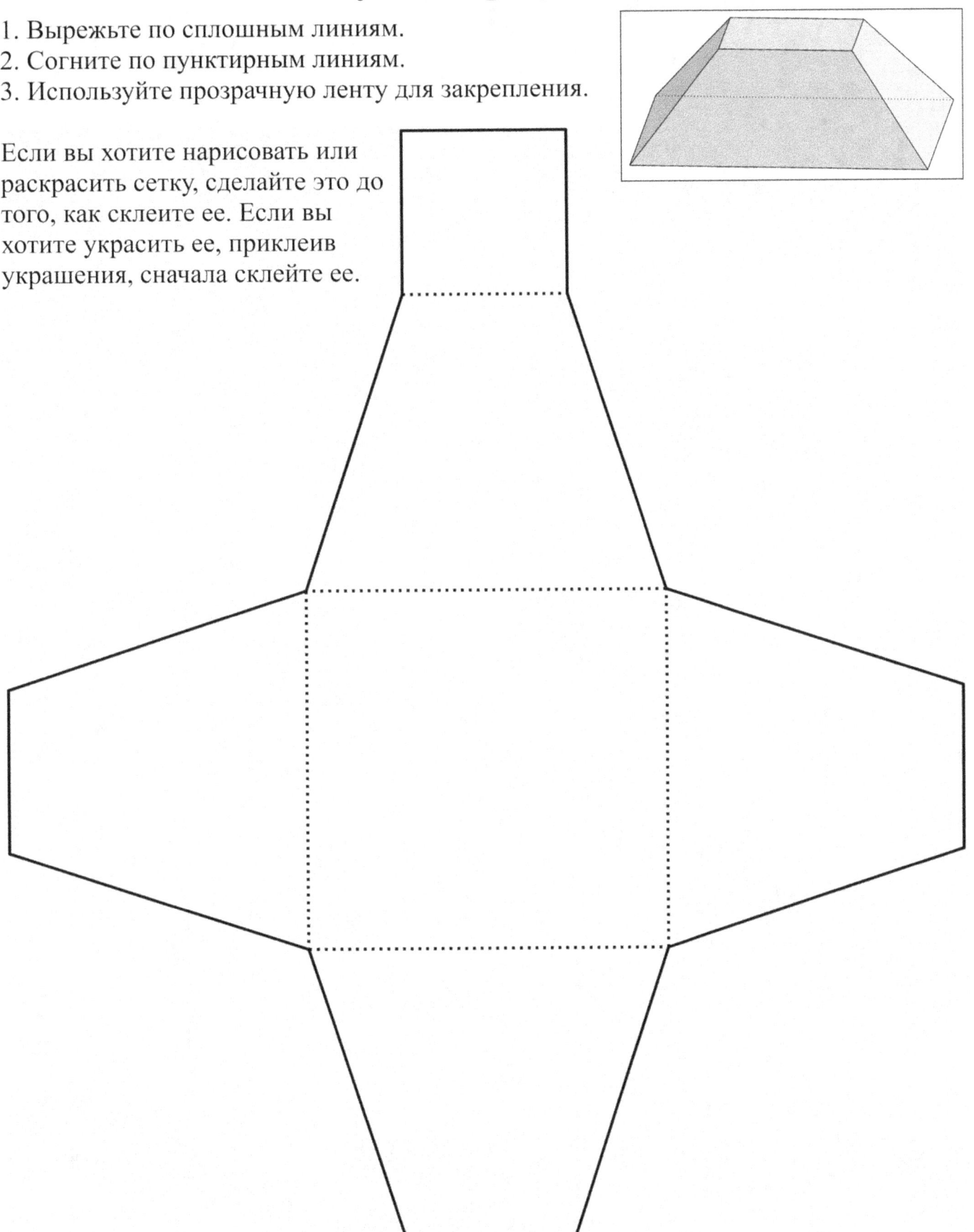

Усеченный конус Треугольная Пирамида

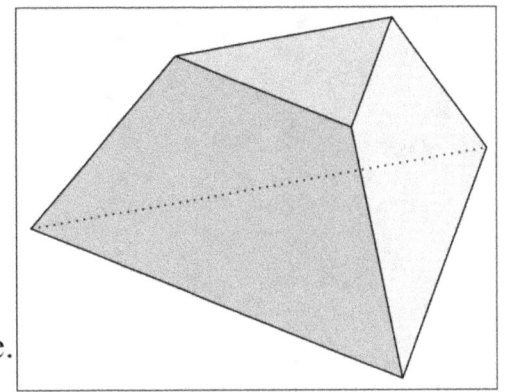

1. Вырежьте по сплошным линиям.
2. Согните по пунктирным линиям.
3. Используйте прозрачную ленту для закрепления.

Если вы хотите нарисовать или раскрасить сетку, сделайте это до того, как склеите ее. Если вы хотите украсить ее, приклеив украшения, сначала склейте ее.

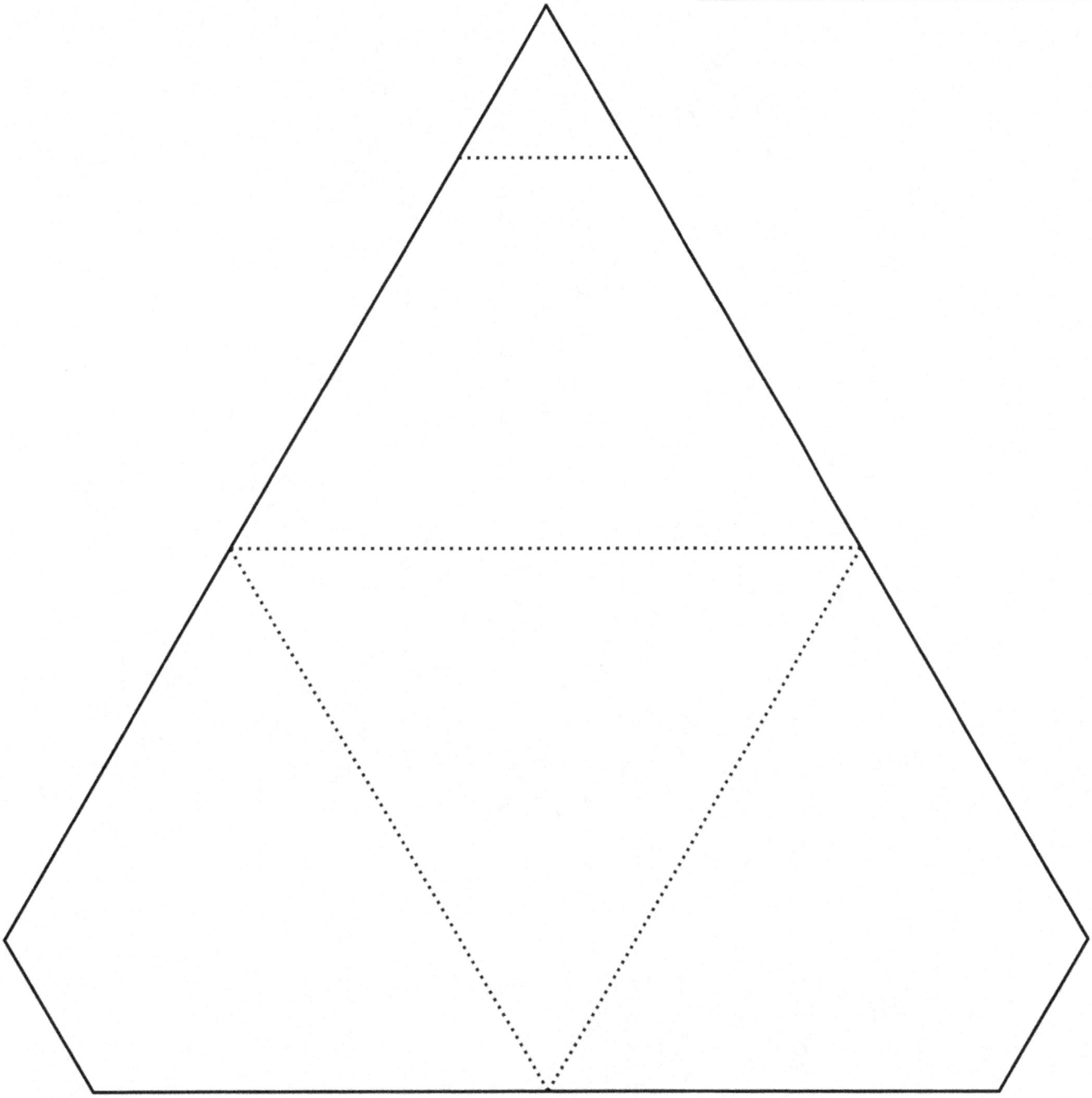

Большой додекаэдр

1. Разрежьте по сплошным линиям.
2. Согните по пунктирным линиям.
3. Сложите обратно по линиям дефиса.
4. Используйте прозрачную ленту для фиксации.

Если вы хотите нарисовать или раскрасить сетку, сделайте это до того, как склеите ее. Если вы хотите украсить ее, приклеив украшения, сначала склейте ее.

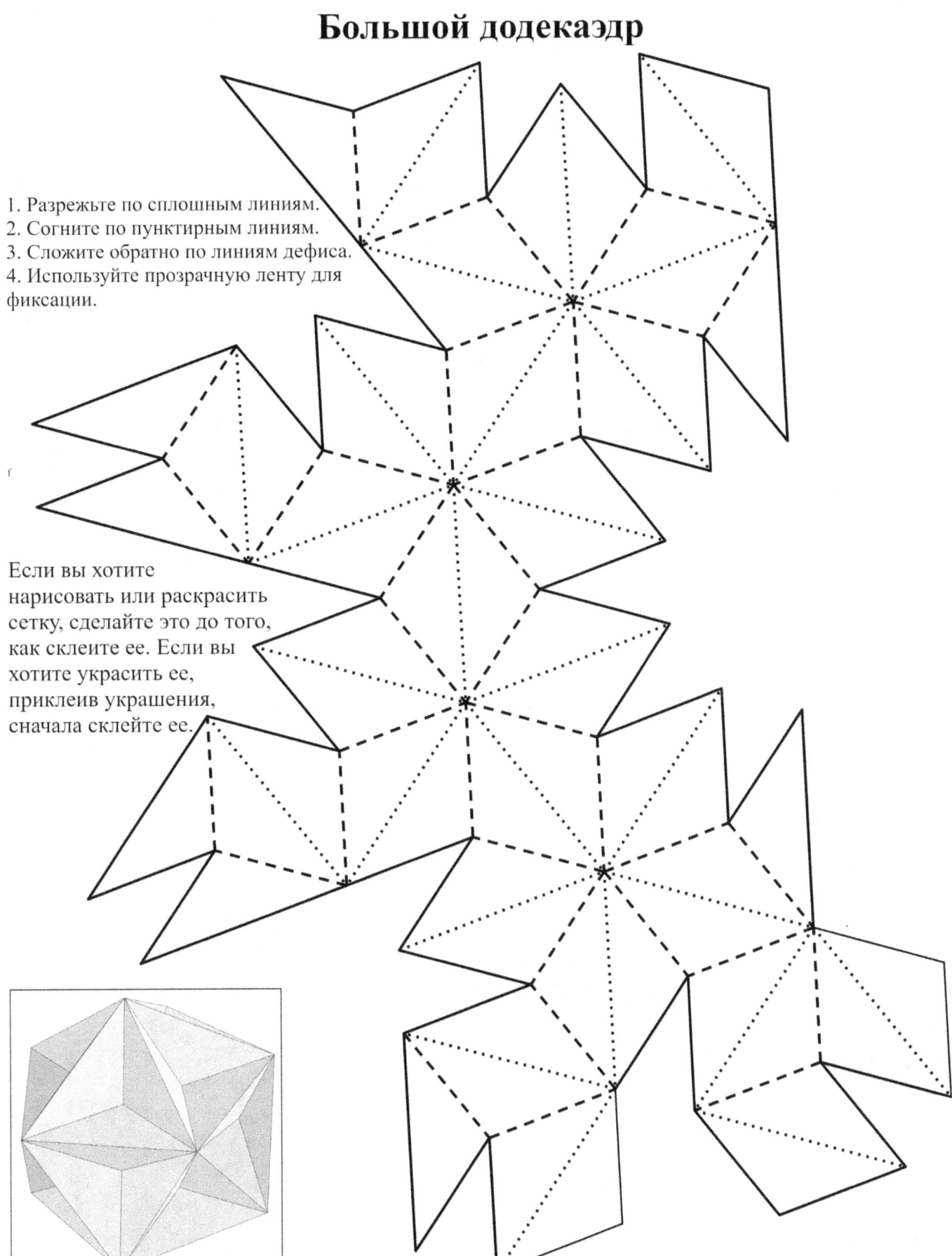

Развёртка многогранника проектная книга автор Дэвид Э. МакАдамс

Большой звёздчатый додекаэдр

1. Это разворачивающийся многоугольник из двух частей. Половина находится на этой странице, а половина — на следующей.
2. Вырежьте обе части по сплошным линиям.
3. Склейте две части вместе на этикетке «А».
4. Согните по пунктирным линиям.
5. Сложите обратно по линиям дефиса.
6. Используйте прозрачную ленту для скрепления.

Если вы хотите нарисовать или раскрасить сетку, сделайте это до того, как склеите ее. Если вы хотите украсить ее, приклеив украшения, сначала склейте ее.

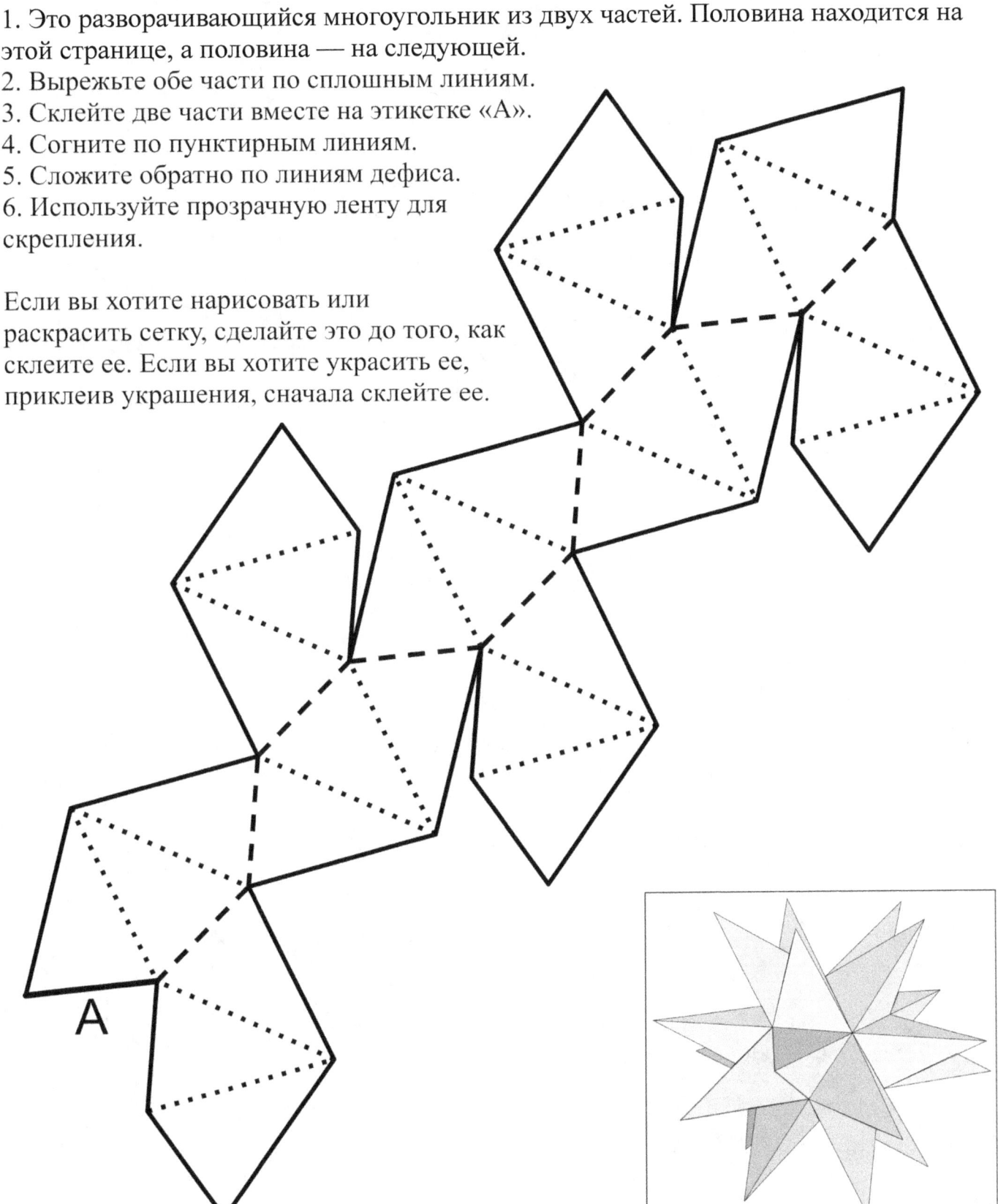

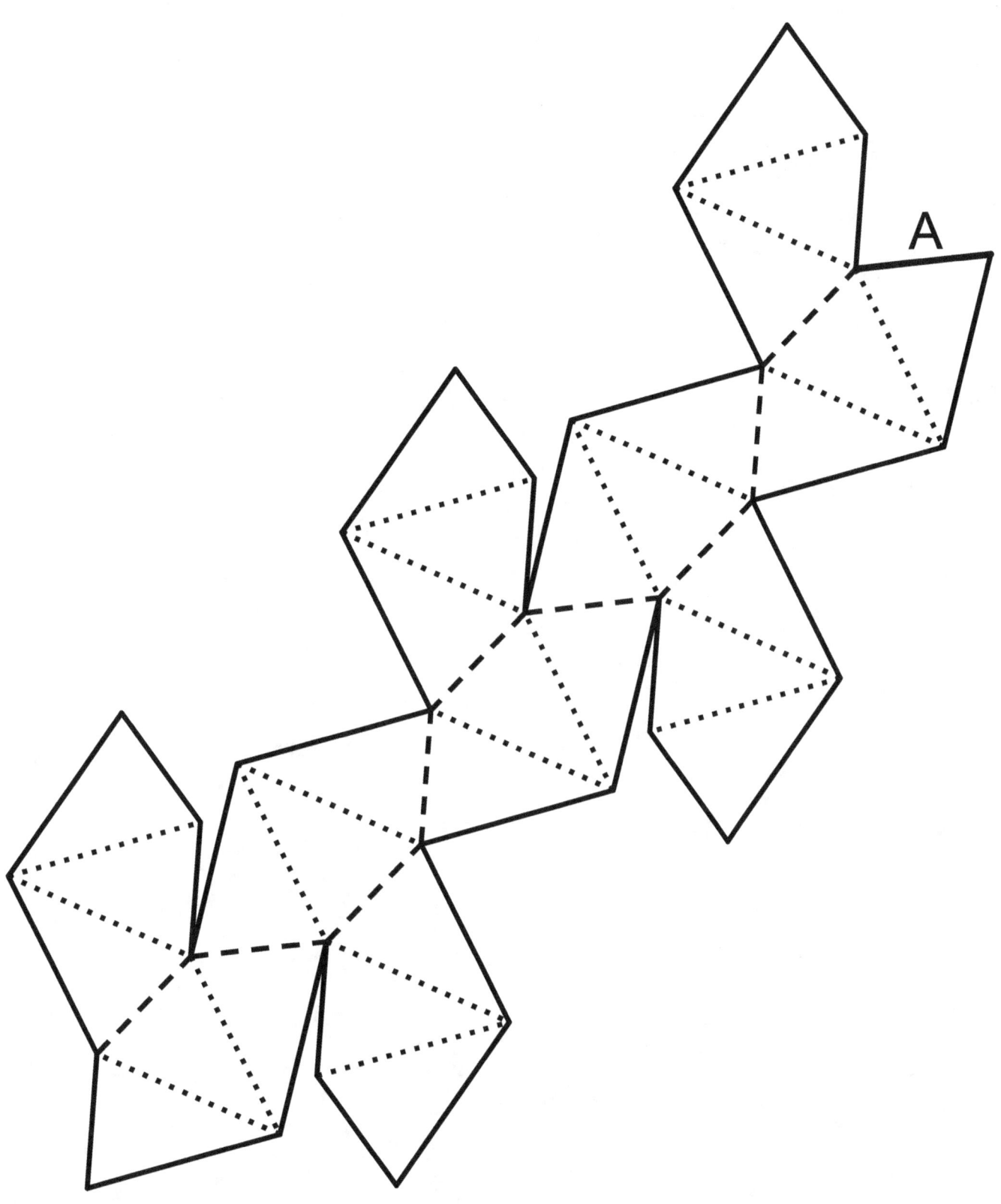

Скрученно удлинённая пятиугольная пирамида

1. Вырежьте по сплошным линиям.
2. Согните по пунктирным линиям.
3. Используйте прозрачную ленту для закрепления.

Если вы хотите нарисовать или раскрасить сетку, сделайте это до того, как склеите ее. Если вы хотите украсить ее, приклеив украшения, сначала склейте ее.

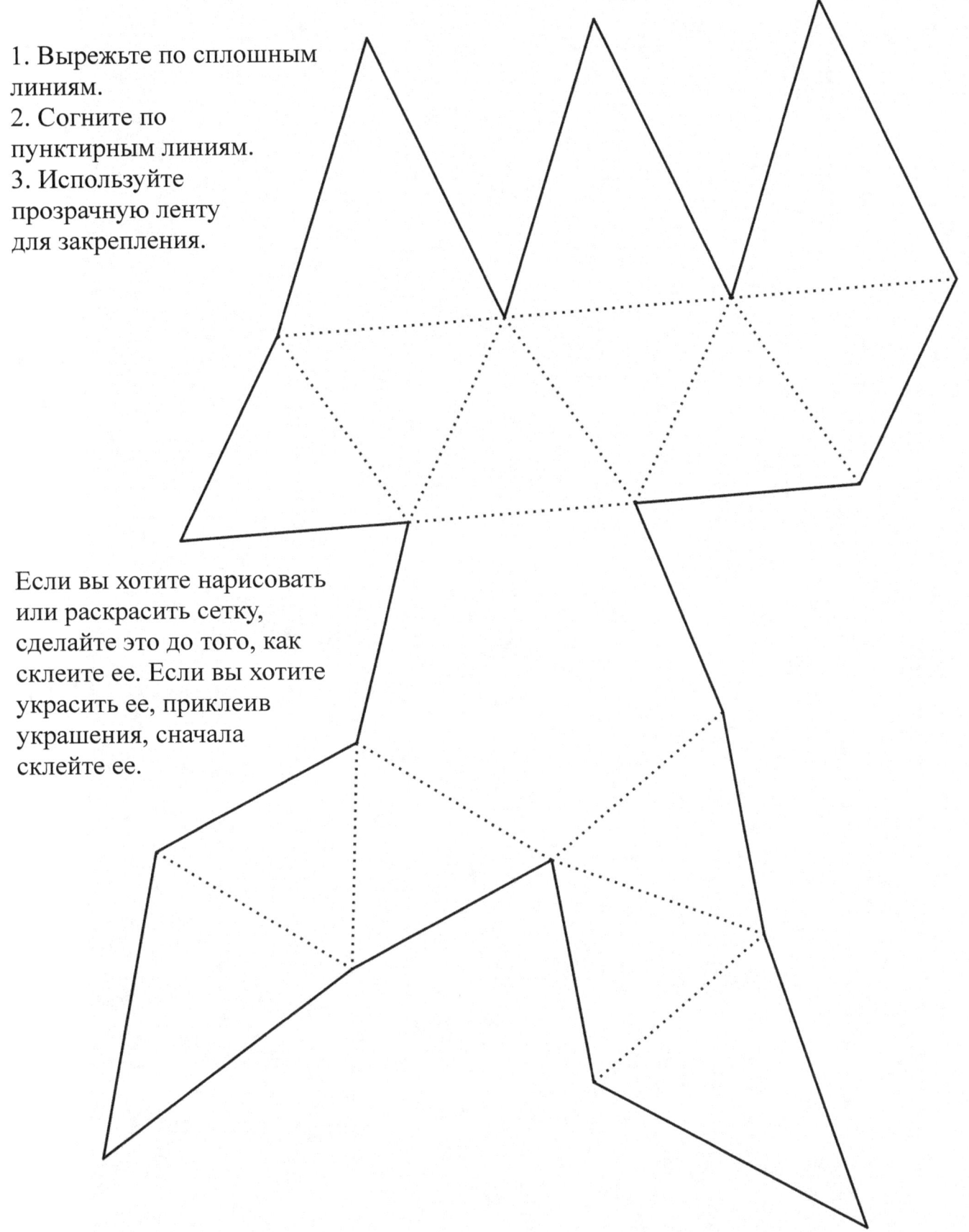

Скрученно удлинённая четырёхугольная бипирамида

1. Вырежьте по сплошным линиям.
2. Согните по пунктирным линиям.
3. Используйте прозрачную ленту для закрепления.

Если вы хотите нарисовать или раскрасить сетку, сделайте это до того, как склеите ее. Если вы хотите украсить ее, приклеив украшения, сначала склейте ее.

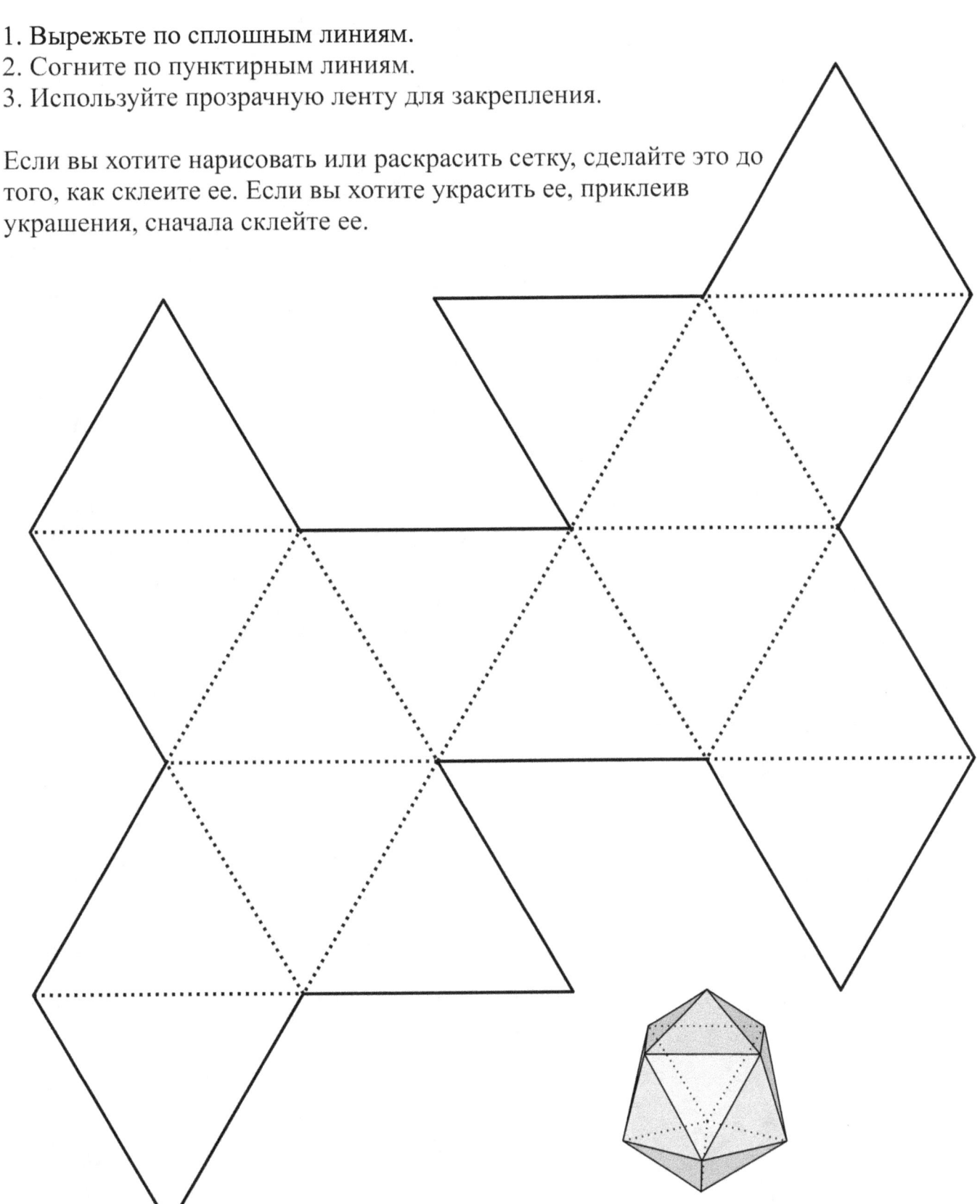

Скрученно удлинённая Прямоугольный параллелепипед

1. Вырежьте по сплошным линиям.
2. Согните по пунктирным линиям.
3. Используйте прозрачную ленту для закрепления.

Если вы хотите нарисовать или раскрасить сетку, сделайте это до того, как склеите ее. Если вы хотите украсить ее, приклеив украшения, сначала склейте ее.

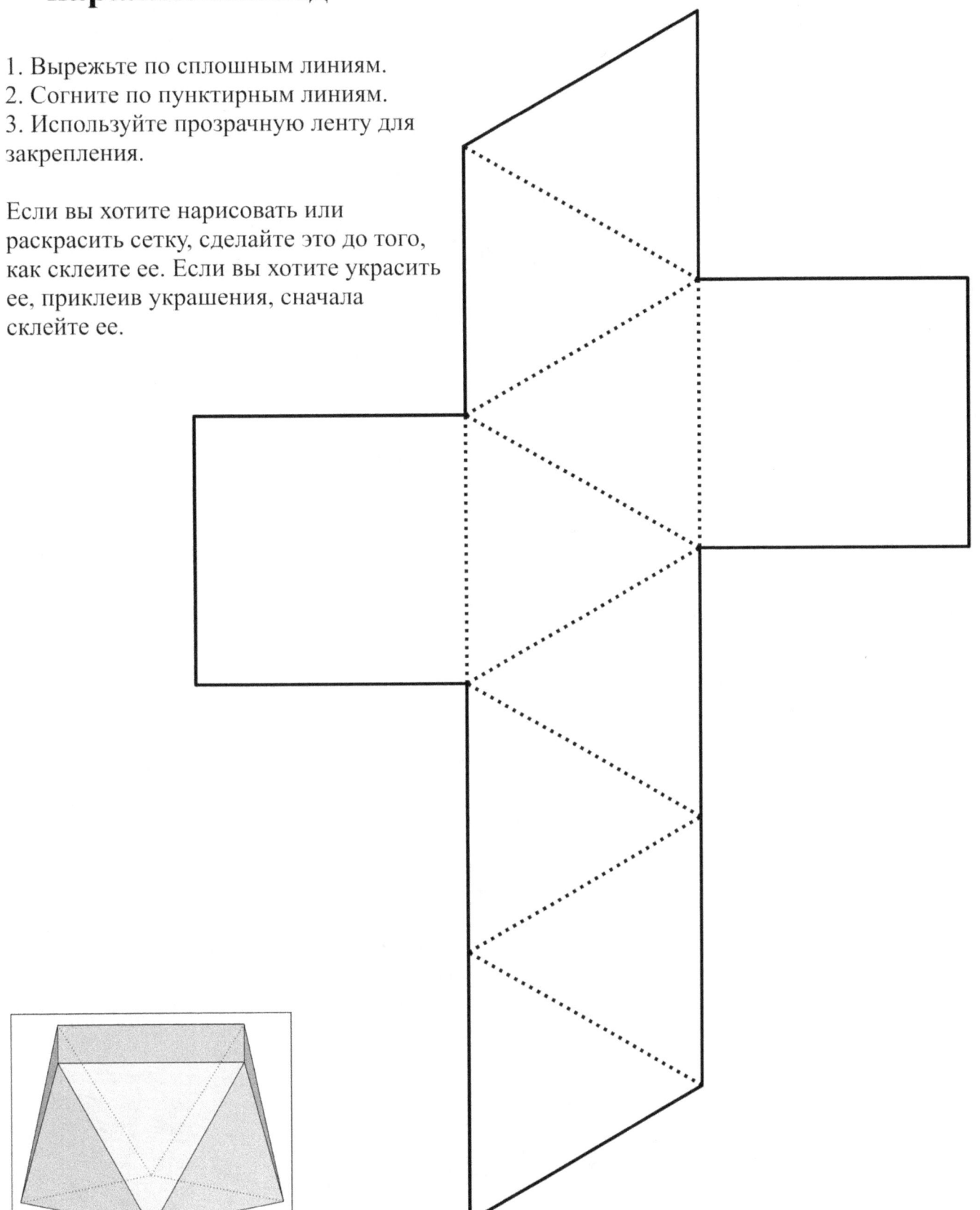

Скрученно удлинённая Квадратная пирамида

1. Вырежьте по сплошным линиям.
2. Согните по пунктирным линиям.
3. Используйте прозрачную ленту для закрепления.

Если вы хотите нарисовать или раскрасить сетку, сделайте это до того, как склеите ее. Если вы хотите украсить ее, приклеив украшения, сначала склейте ее.

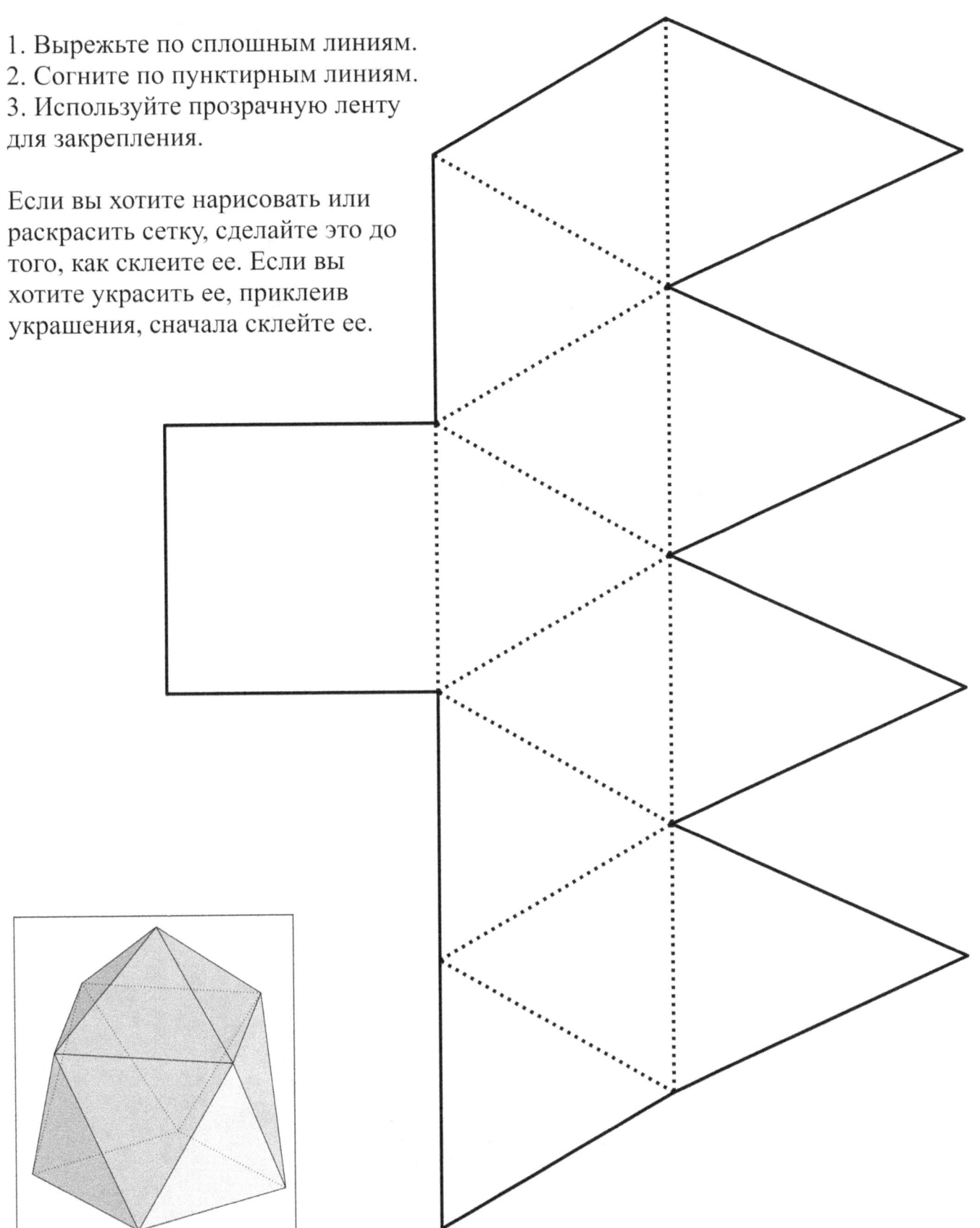

Семиугольная Пирамида

1. Вырежьте по сплошным линиям.
2. Согните по пунктирным линиям.
3. Используйте прозрачную ленту для закрепления.

Если вы хотите нарисовать или раскрасить сетку, сделайте это до того, как склеите ее. Если вы хотите украсить ее, приклеив украшения, сначала склейте ее.

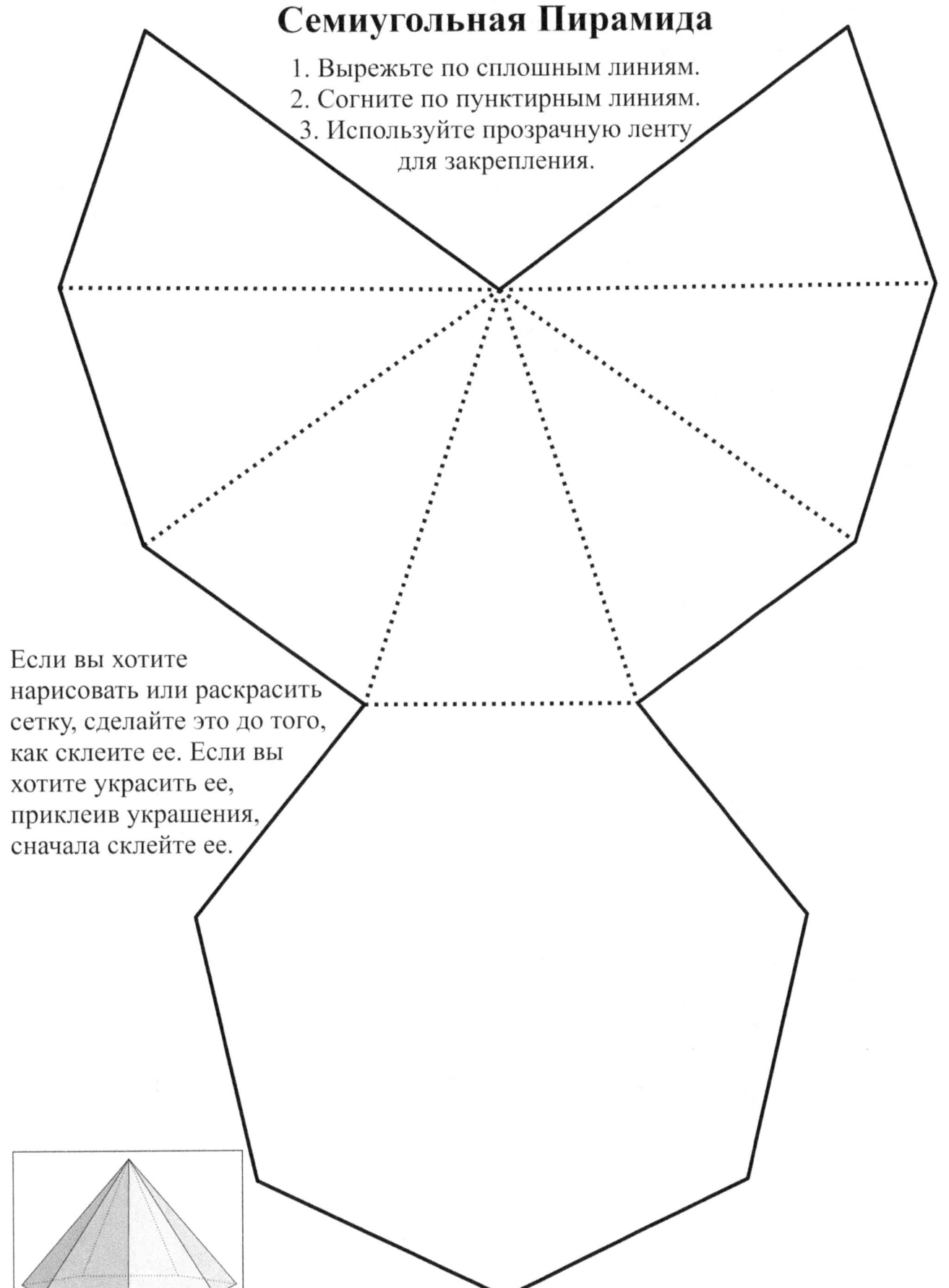

Гептаэдр 4,4,4,3,3,3,3

1. Вырежьте по сплошным линиям.
2. Согните по пунктирным линиям.
3. Используйте прозрачную ленту для закрепления.

Если вы хотите нарисовать или раскрасить сетку, сделайте это до того, как склеите ее. Если вы хотите украсить ее, приклеив украшения, сначала склейте ее.

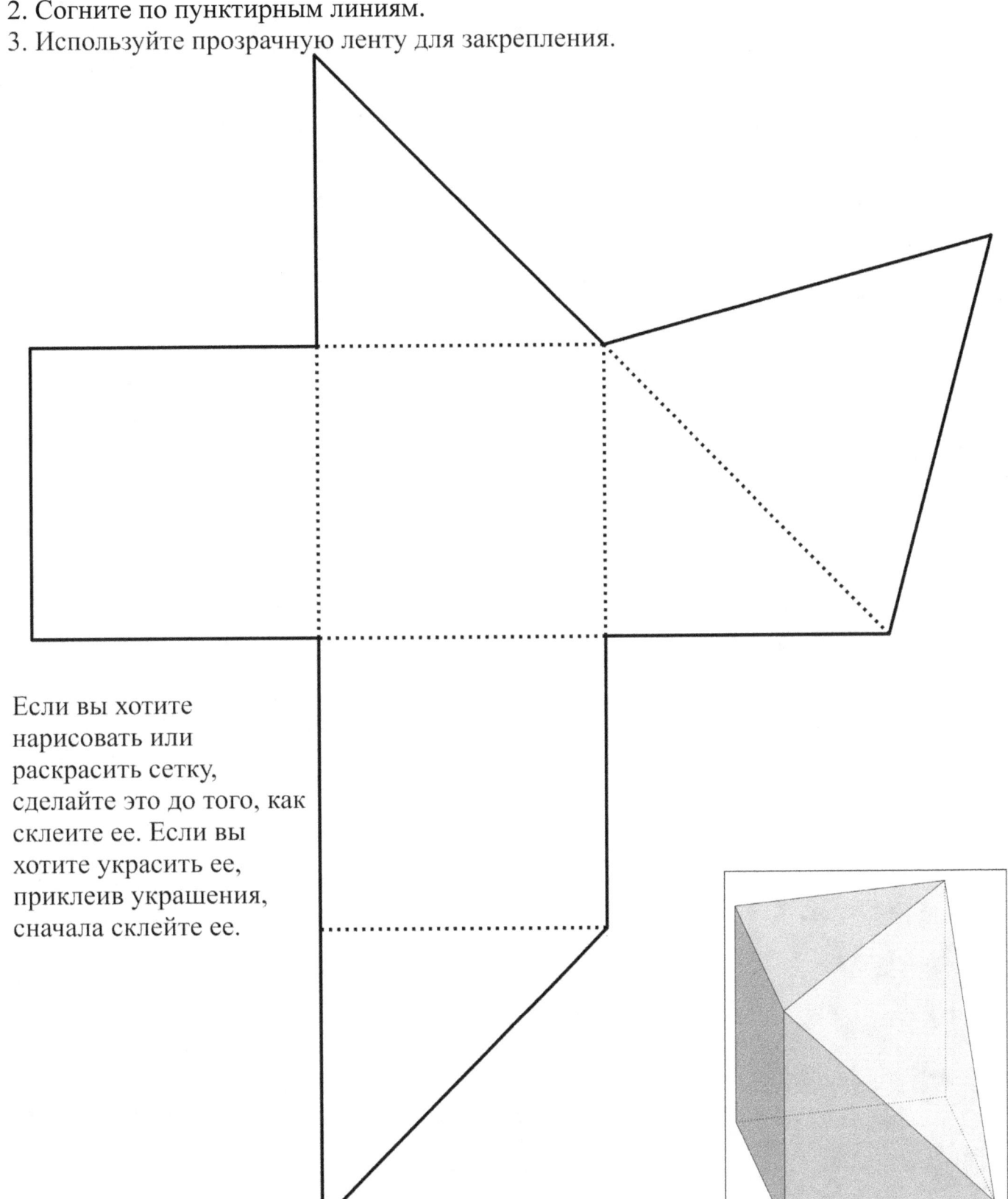

Развёртка многогранника проектная книга автор Дэвид Э. МакАдамс
Авторские права 2024. Разрешено копирование только для случайного некоммерческого использования в образовательных целях.
См. уведомление об авторских правах для получения дополнительной информации.

Гептаэдр 5,5,5,4,4,4,3

1. Вырежьте по сплошным линиям.
2. Согните по пунктирным линиям.
3. Используйте прозрачную ленту для закрепления.

Если вы хотите нарисовать или раскрасить сетку, сделайте это до того, как склеите ее. Если вы хотите украсить ее, приклеив украшения, сначала склейте ее.

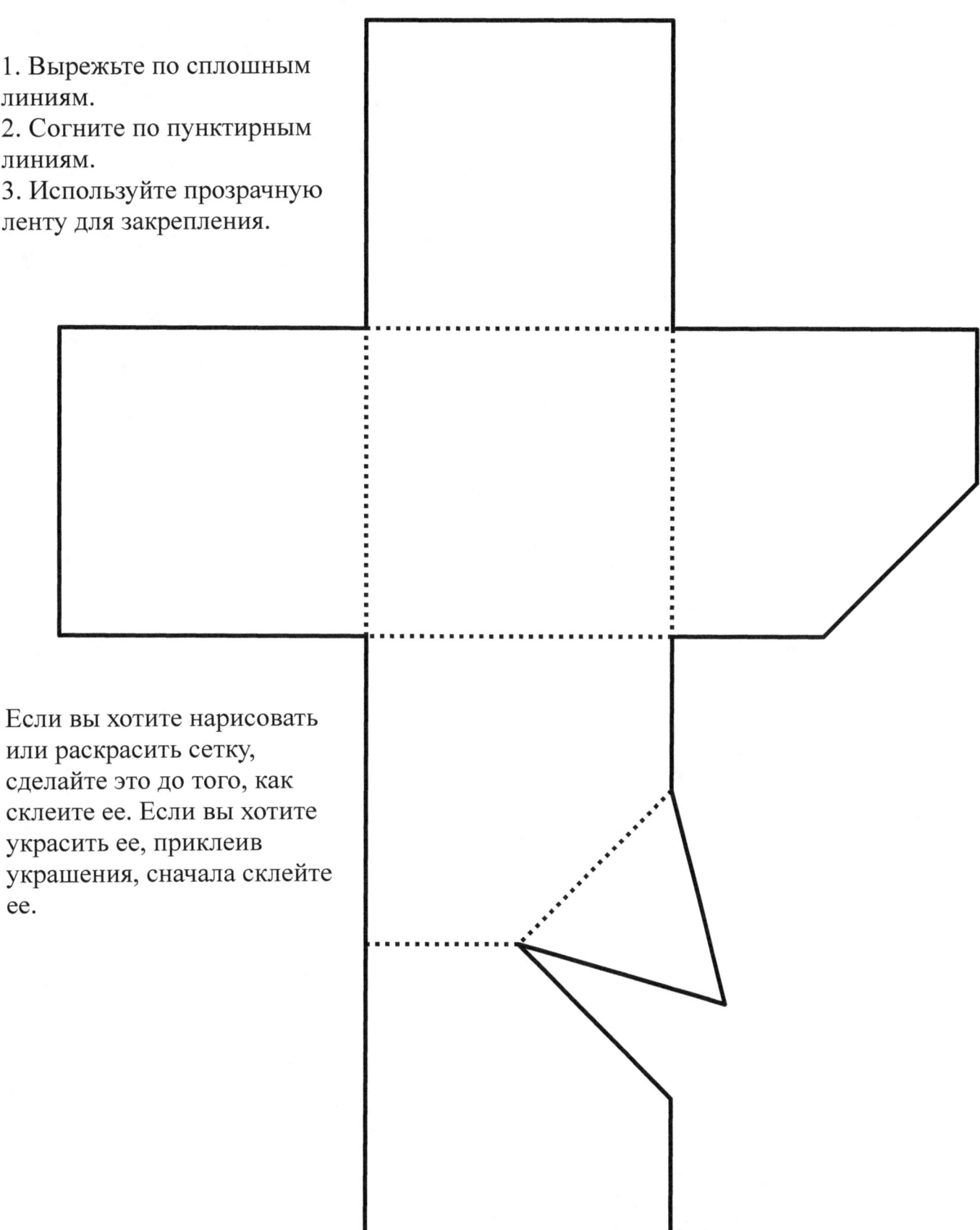

Гептаэдр 6,6,4,4,4,3,3

1. Вырежьте по сплошным линиям.
2. Согните по пунктирным линиям.
3. Используйте прозрачную ленту для закрепления.

Если вы хотите нарисовать или раскрасить сетку, сделайте это до того, как склеите ее. Если вы хотите украсить ее, приклеив украшения, сначала склейте ее.

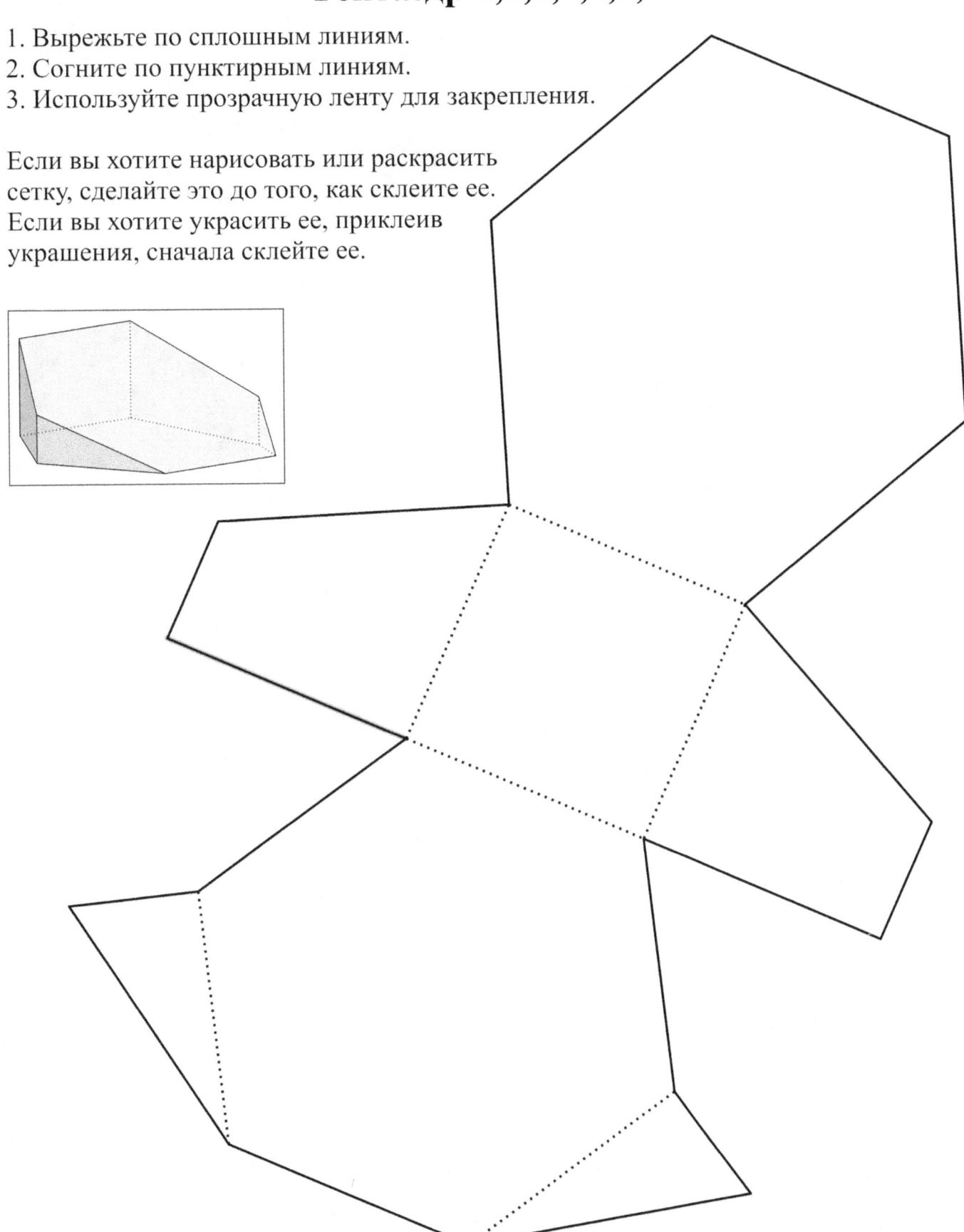

Шестиугольная призма

1. Вырежьте по сплошным линиям.
2. Согните по пунктирным линиям.
3. Используйте прозрачную ленту для закрепления.

Если вы хотите нарисовать или раскрасить сетку, сделайте это до того, как склеите ее. Если вы хотите украсить ее, приклеив украшения, сначала склейте ее.

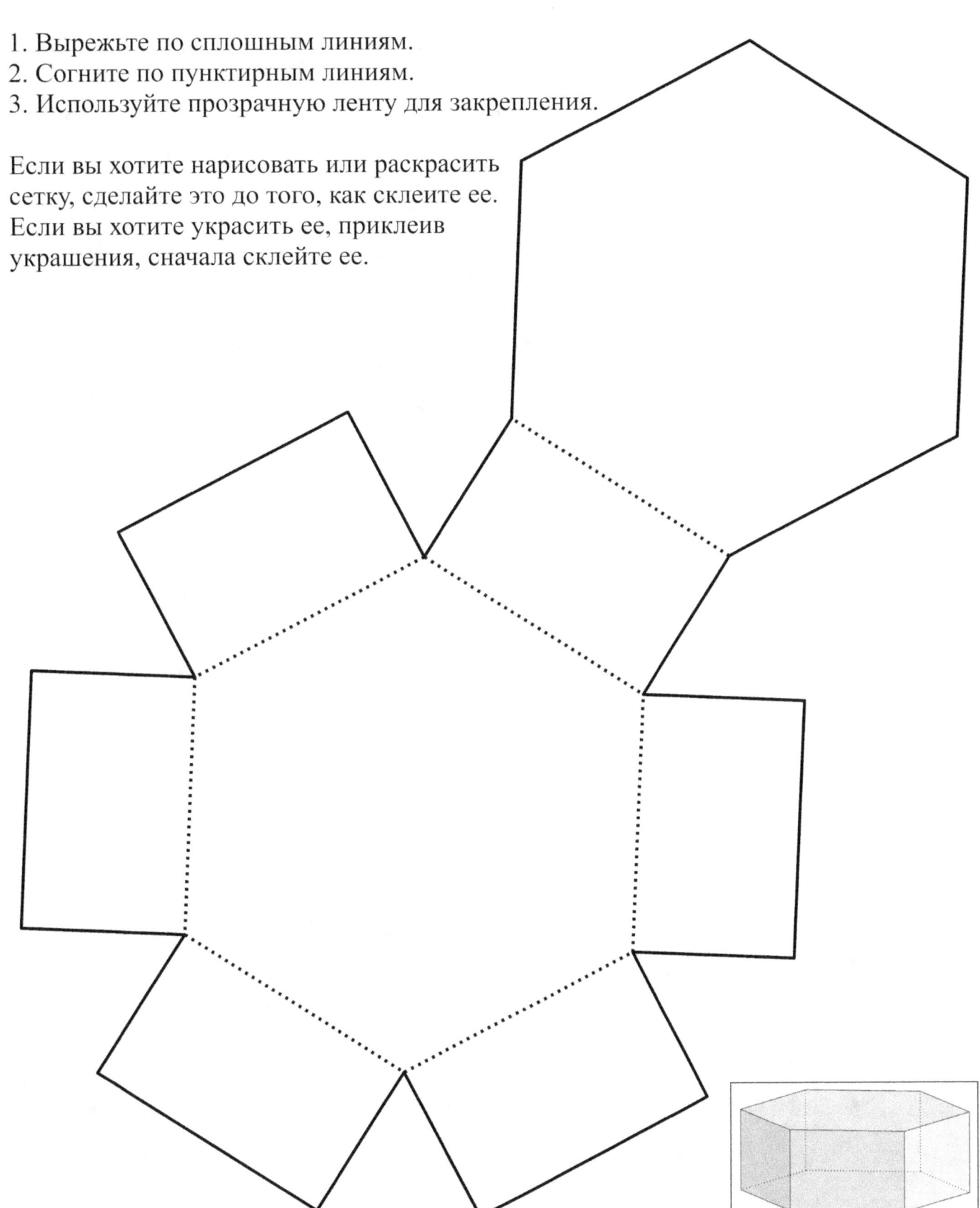

Шестиугольная Пирамида

1. Вырежьте по сплошным линиям.
2. Согните по пунктирным линиям.
3. Используйте прозрачную ленту для закрепления.

Если вы хотите нарисовать или раскрасить сетку, сделайте это до того, как склеите ее. Если вы хотите украсить ее, приклеив украшения, сначала склейте ее.

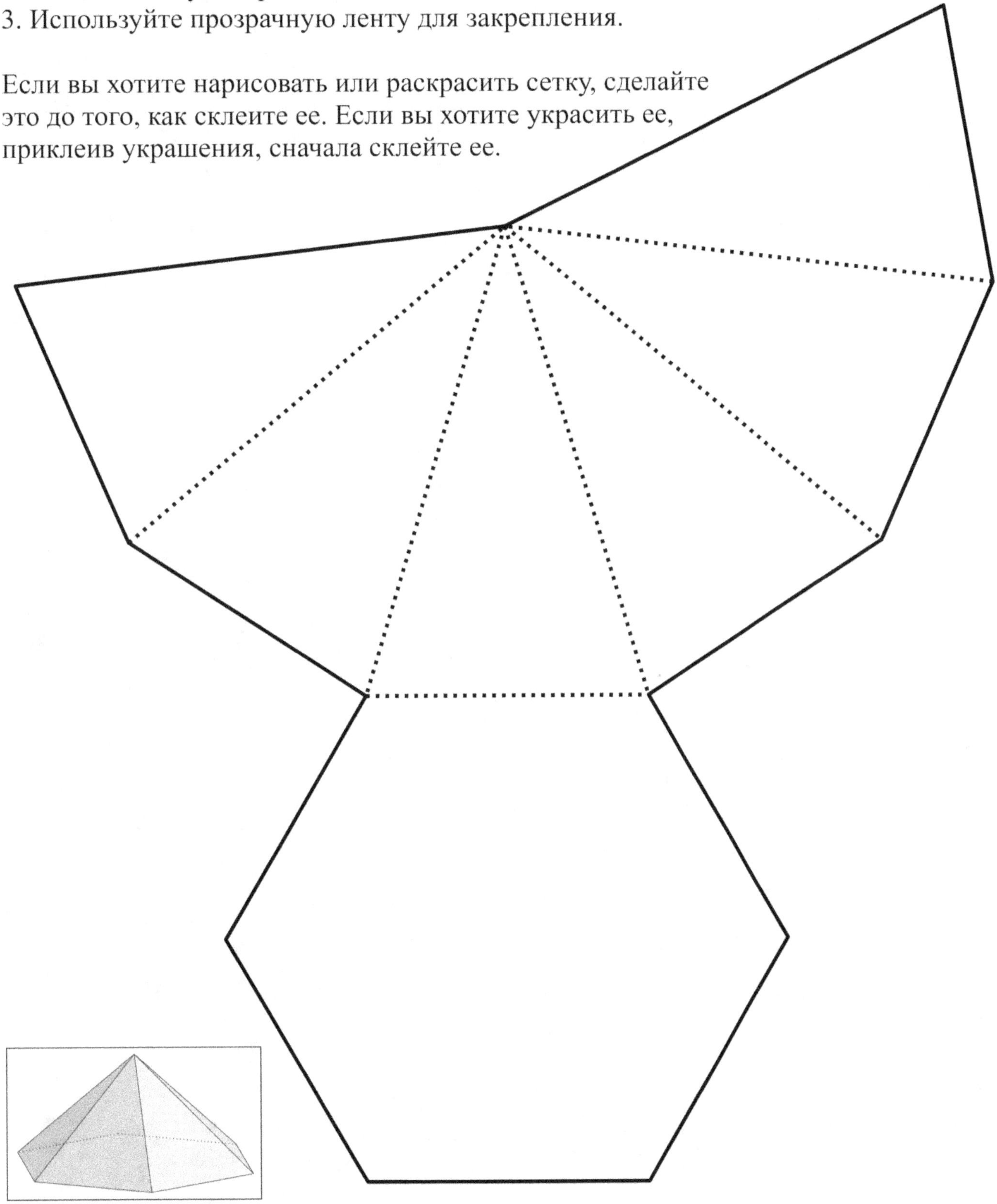

Шестигранники 4,4,4,4,3,3

1. Вырежьте по сплошным линиям.
2. Согните по пунктирным линиям.
3. Используйте прозрачную ленту для закрепления.

Если вы хотите нарисовать или раскрасить сетку, сделайте это до того, как склеите ее. Если вы хотите украсить ее, приклеив украшения, сначала склейте ее.

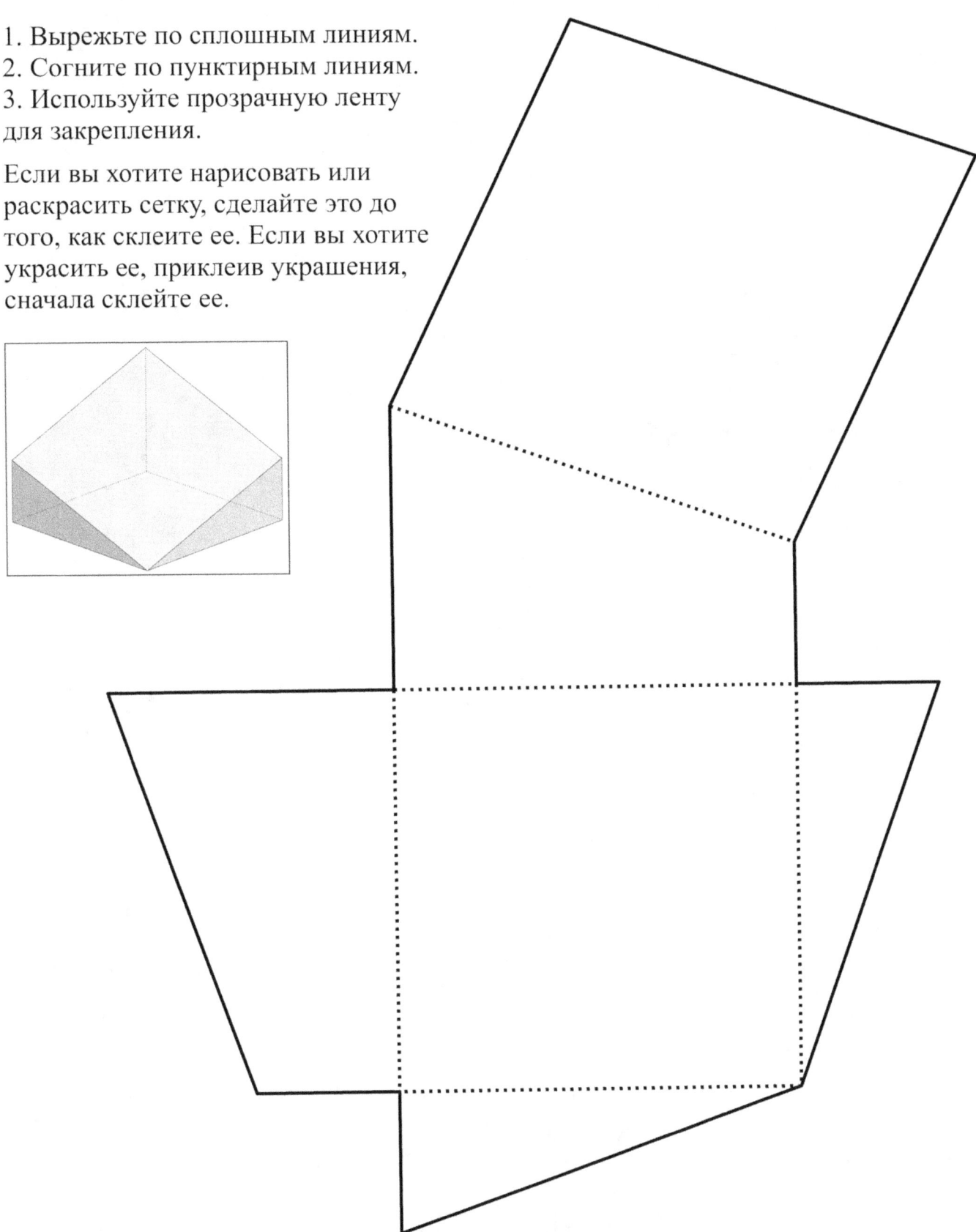

Шестигранники 5,4,4,3,3,3

1. Вырежьте по сплошным линиям.
2. Согните по пунктирным линиям.
3. Используйте прозрачную ленту для закрепления.

Если вы хотите нарисовать или раскрасить сетку, сделайте это до того, как склеите ее. Если вы хотите украсить ее, приклеив украшения, сначала склейте ее.

Развёртка многогранника проектная книга автор Дэвид Э. МакАдамс

Авторские права 2024. Разрешено копирование только для случайного некоммерческого использования в образовательных целях. См. уведомление об авторских правах для получения дополнительной информации.

Шестигранники 5,5,4,4,3,3

1. Вырежьте по сплошным линиям.
2. Согните по пунктирным линиям.
3. Используйте прозрачную ленту для закрепления.

Если вы хотите нарисовать или раскрасить сетку, сделайте это до того, как склеите ее. Если вы хотите украсить ее, приклеив украшения, сначала склейте ее.

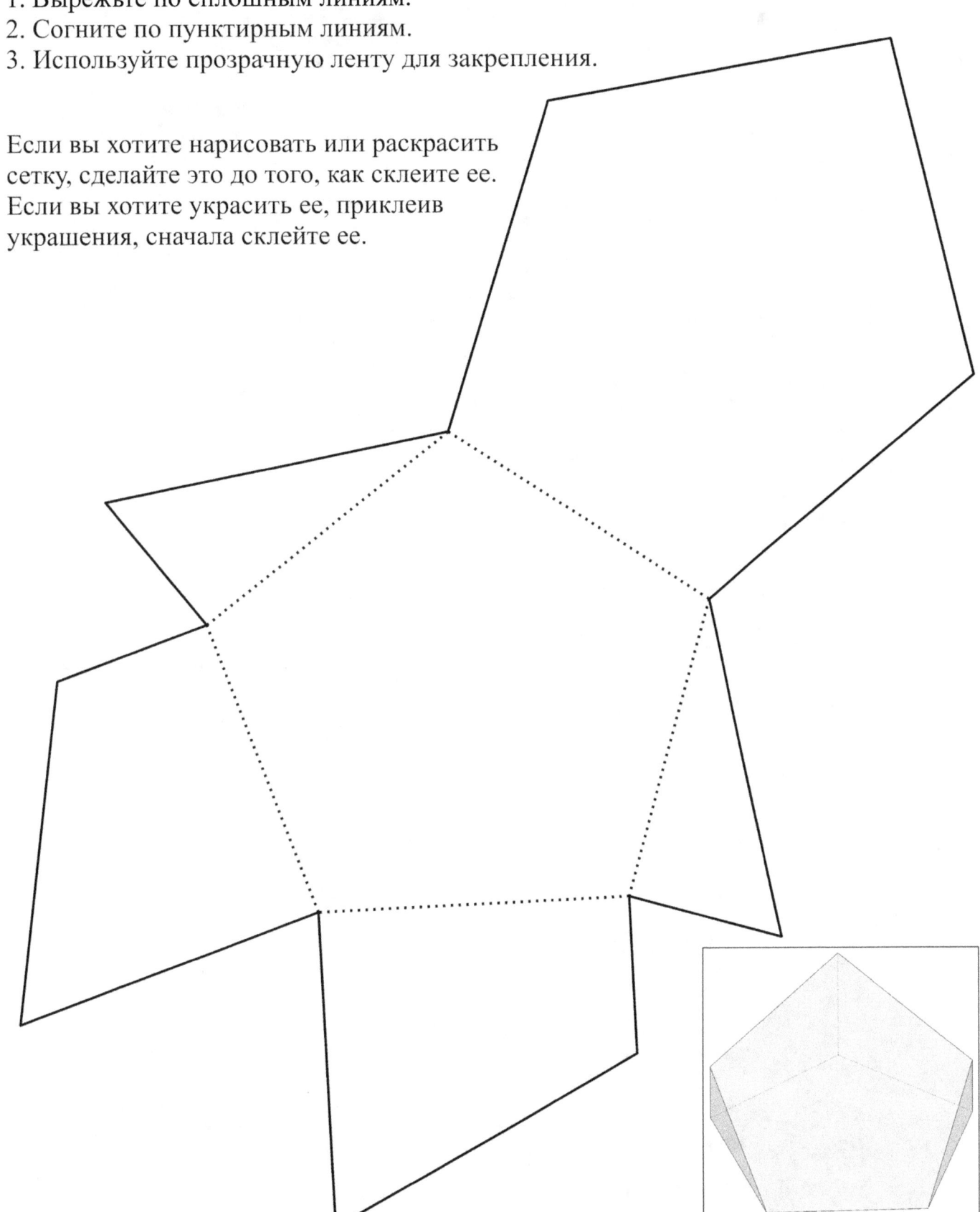

Правильный икосаэдр

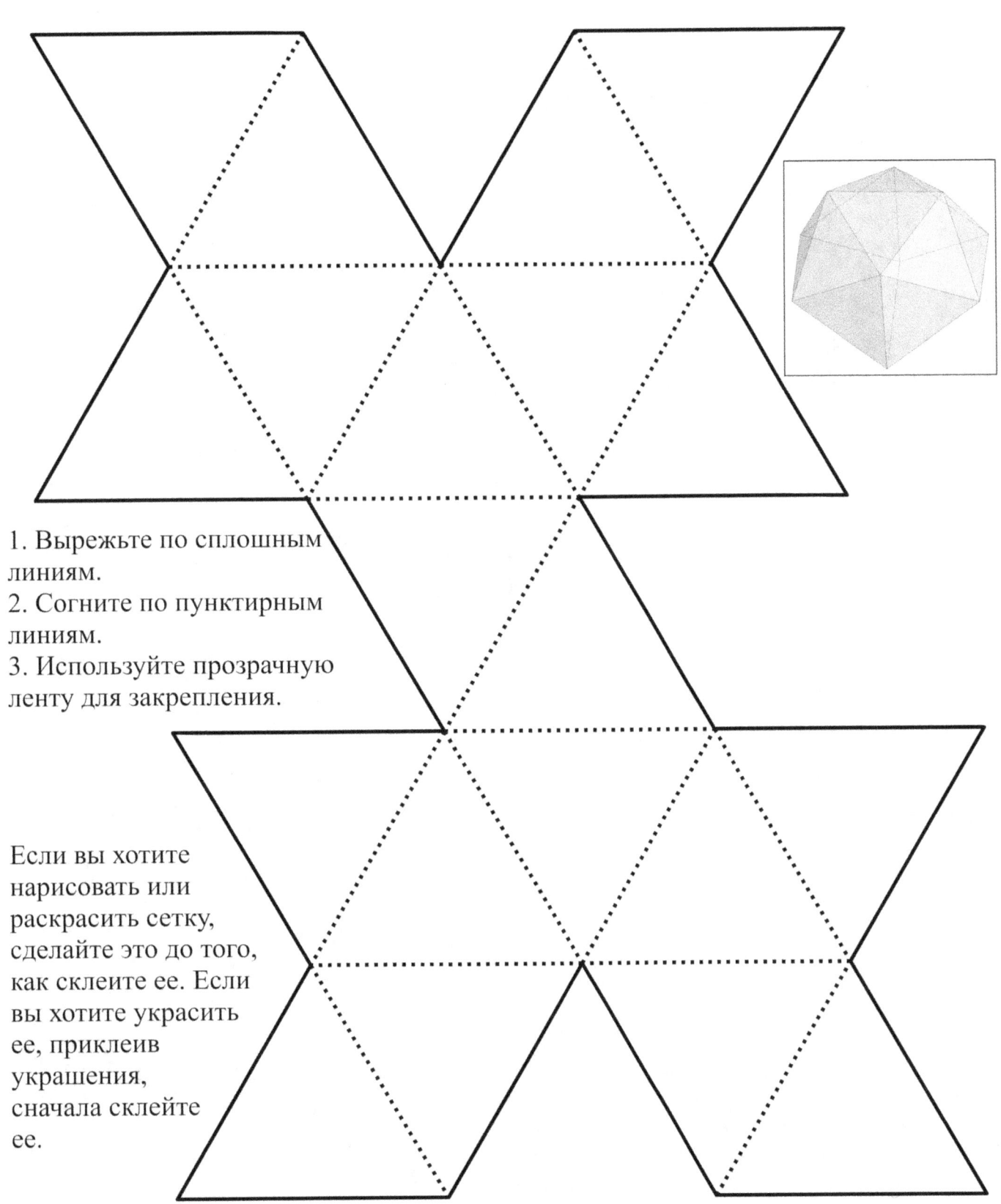

1. Вырежьте по сплошным линиям.
2. Согните по пунктирным линиям.
3. Используйте прозрачную ленту для закрепления.

Если вы хотите нарисовать или раскрасить сетку, сделайте это до того, как склеите ее. Если вы хотите украсить ее, приклеив украшения, сначала склейте ее.

Икосододекаэдр

1. Вырежьте по сплошным линиям.
2. Согните по пунктирным линиям.
3. Используйте прозрачную ленту для закрепления.

Если вы хотите нарисовать или раскрасить сетку, сделайте это до того, как склеите ее. Если вы хотите украсить ее, приклеив украшения, сначала склейте ее.

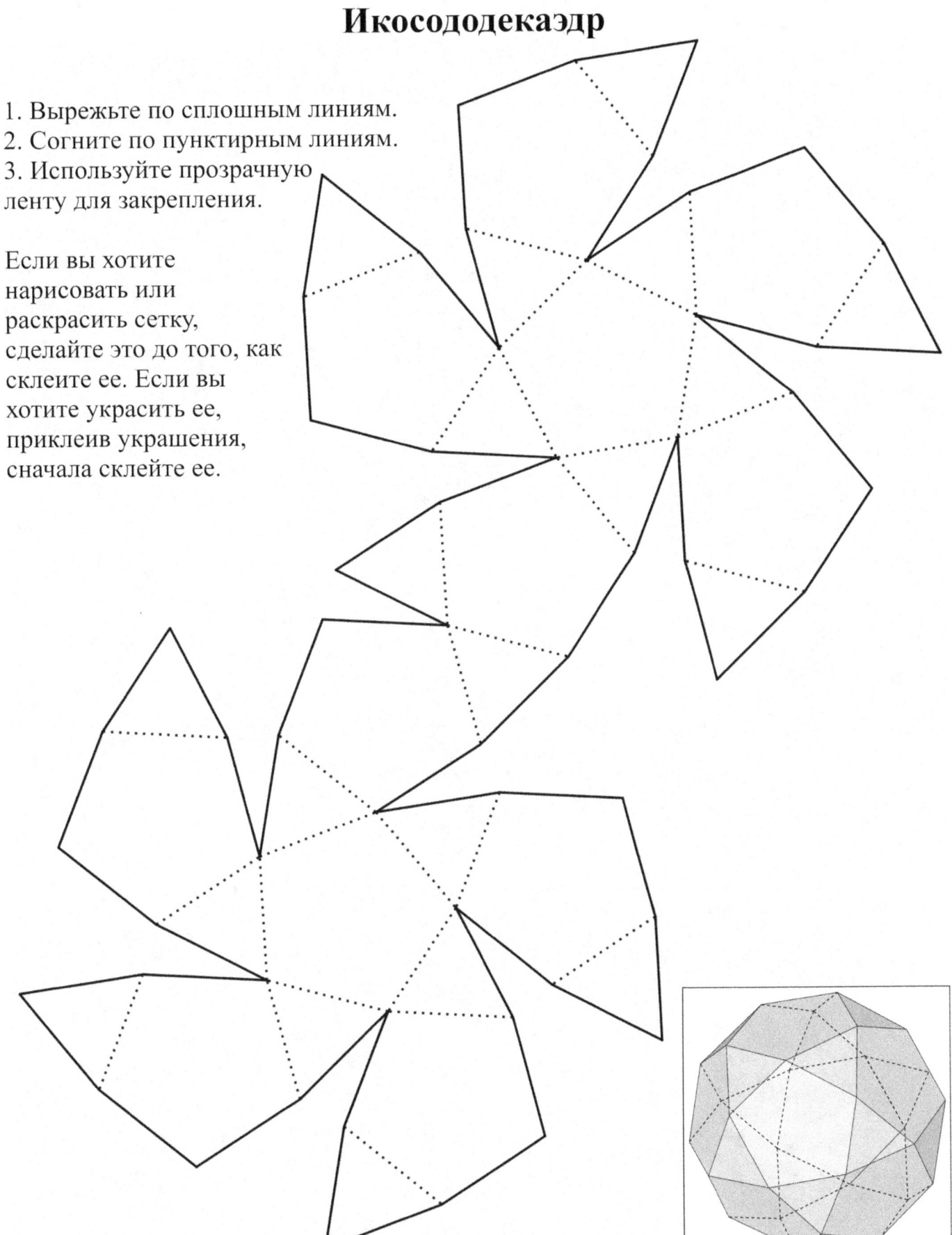

Наклонная квадратная пирамида

1. Вырежьте по сплошным линиям.
2. Согните по пунктирным линиям.
3. Используйте прозрачную ленту для закрепления.

Если вы хотите нарисовать или раскрасить сетку, сделайте это до того, как склеите ее. Если вы хотите украсить ее, приклеив украшения, сначала склейте ее.

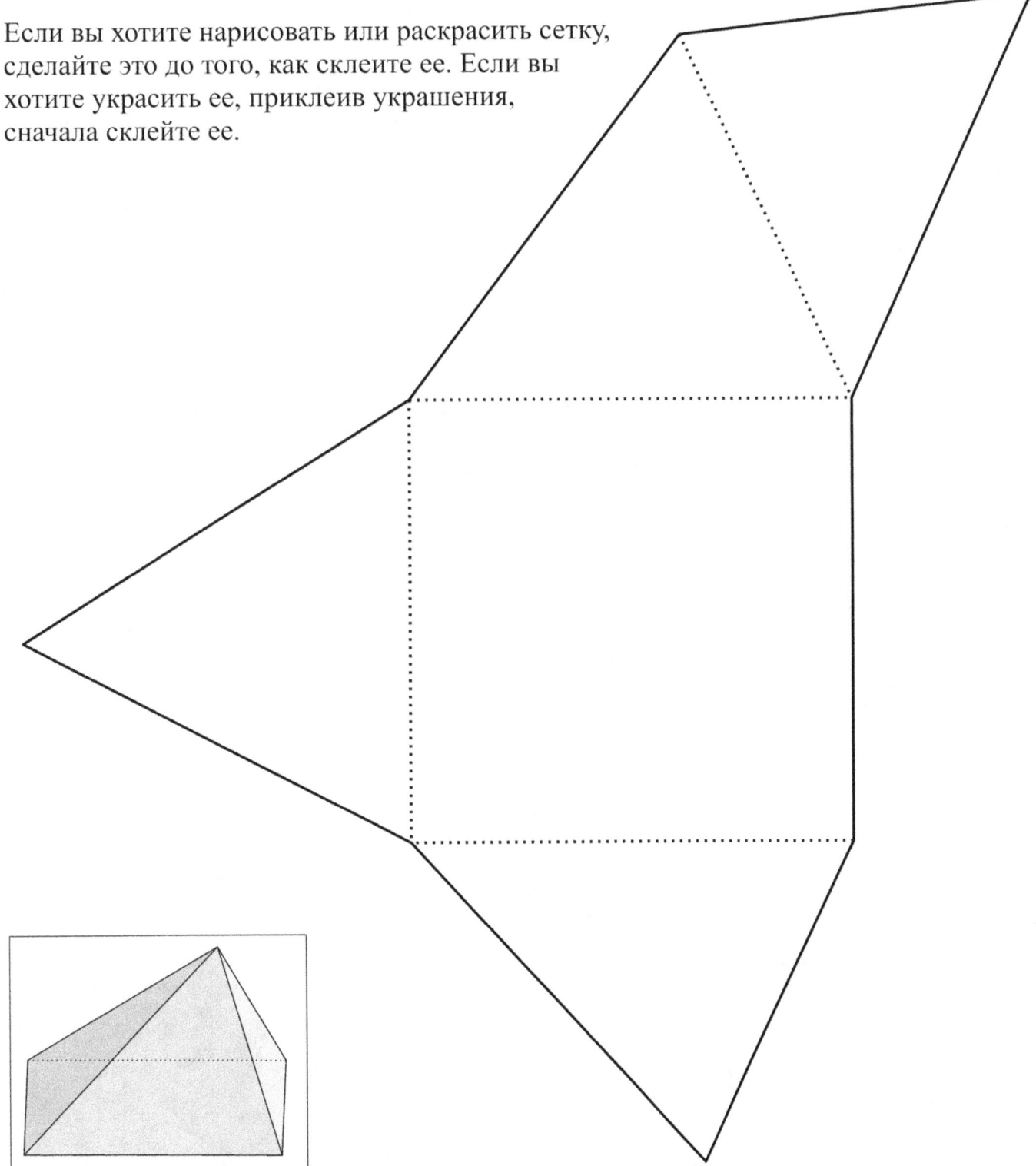

Восьмиугольная антипризма

1. Вырежьте по сплошным линиям.
2. Согните по пунктирным линиям.
3. Используйте прозрачную ленту для закрепления.

Если вы хотите нарисовать или раскрасить сетку, сделайте это до того, как склеите ее. Если вы хотите украсить ее, приклеив украшения, сначала склейте ее.

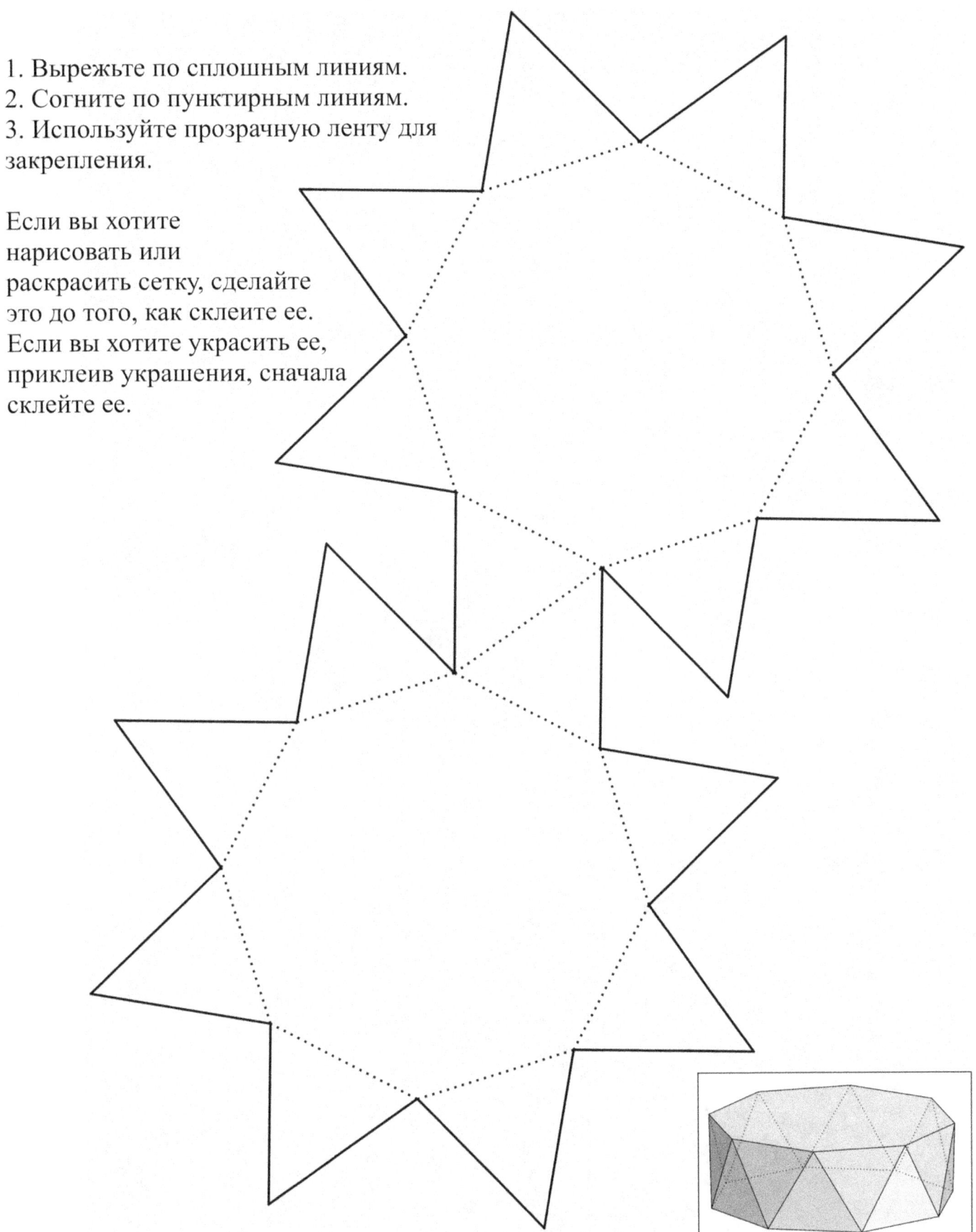

Правильный октаэдр

1. Вырежьте по сплошным линиям.
2. Согните по пунктирным линиям.
3. Используйте прозрачную ленту для закрепления.

Если вы хотите нарисовать или раскрасить сетку, сделайте это до того, как склеите ее. Если вы хотите украсить ее, приклеив украшения, сначала склейте ее.

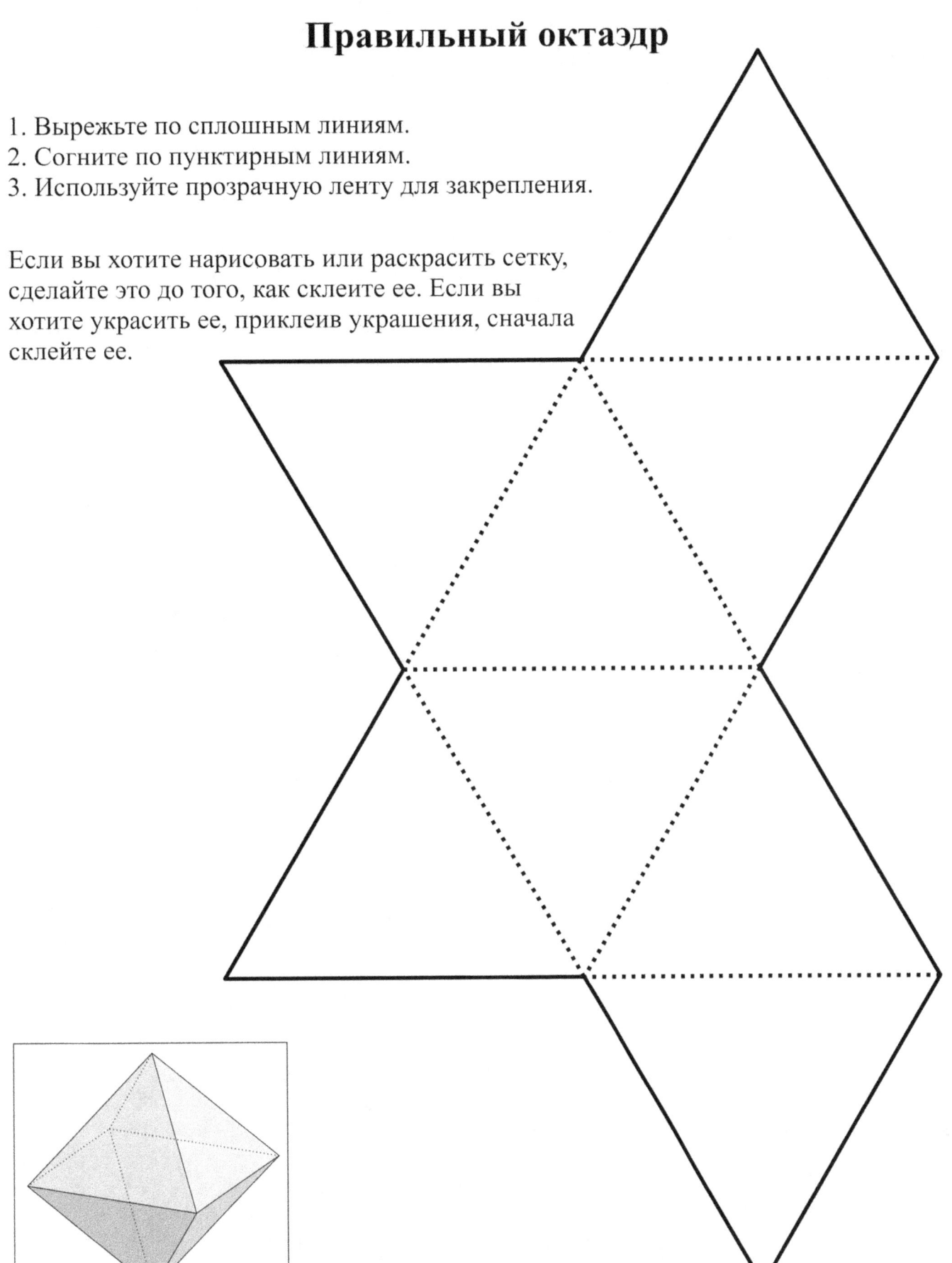

Пятиугольная антипризма

1. Вырежьте по сплошным линиям.
2. Согните по пунктирным линиям.
3. Используйте прозрачную ленту для закрепления.

Если вы хотите нарисовать или раскрасить сетку, сделайте это до того, как склеите ее. Если вы хотите украсить ее, приклеив украшения, сначала склейте ее.

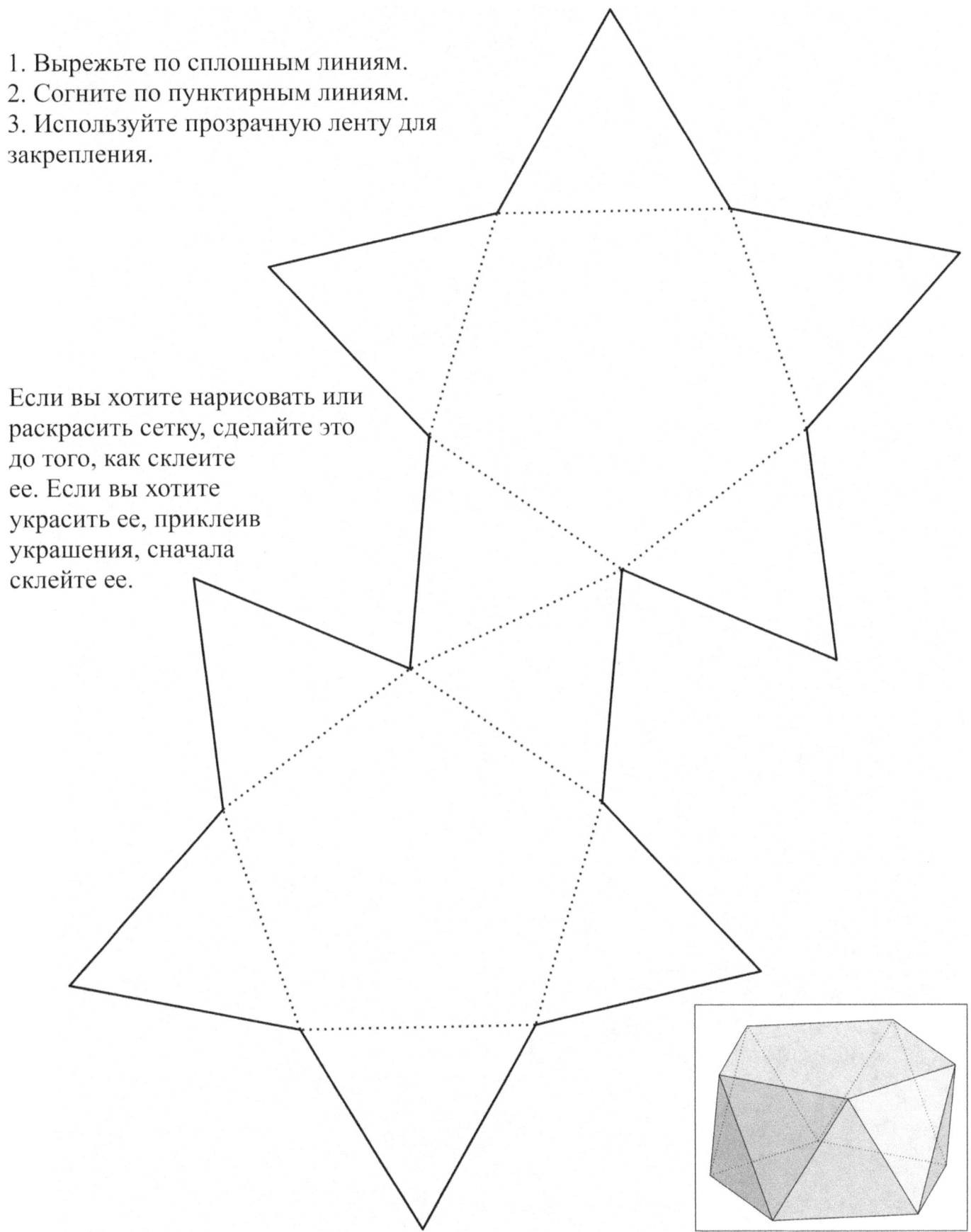

Развёртка многогранника проектная книга автор Дэвид Э. МакАдамс

Пятискатный купол

1. Вырежьте по сплошным линиям.
2. Согните по пунктирным линиям.
3. Используйте прозрачную ленту для закрепления.

Если вы хотите нарисовать или раскрасить сетку, сделайте это до того, как склеите ее. Если вы хотите украсить ее, приклеив украшения, сначала склейте ее.

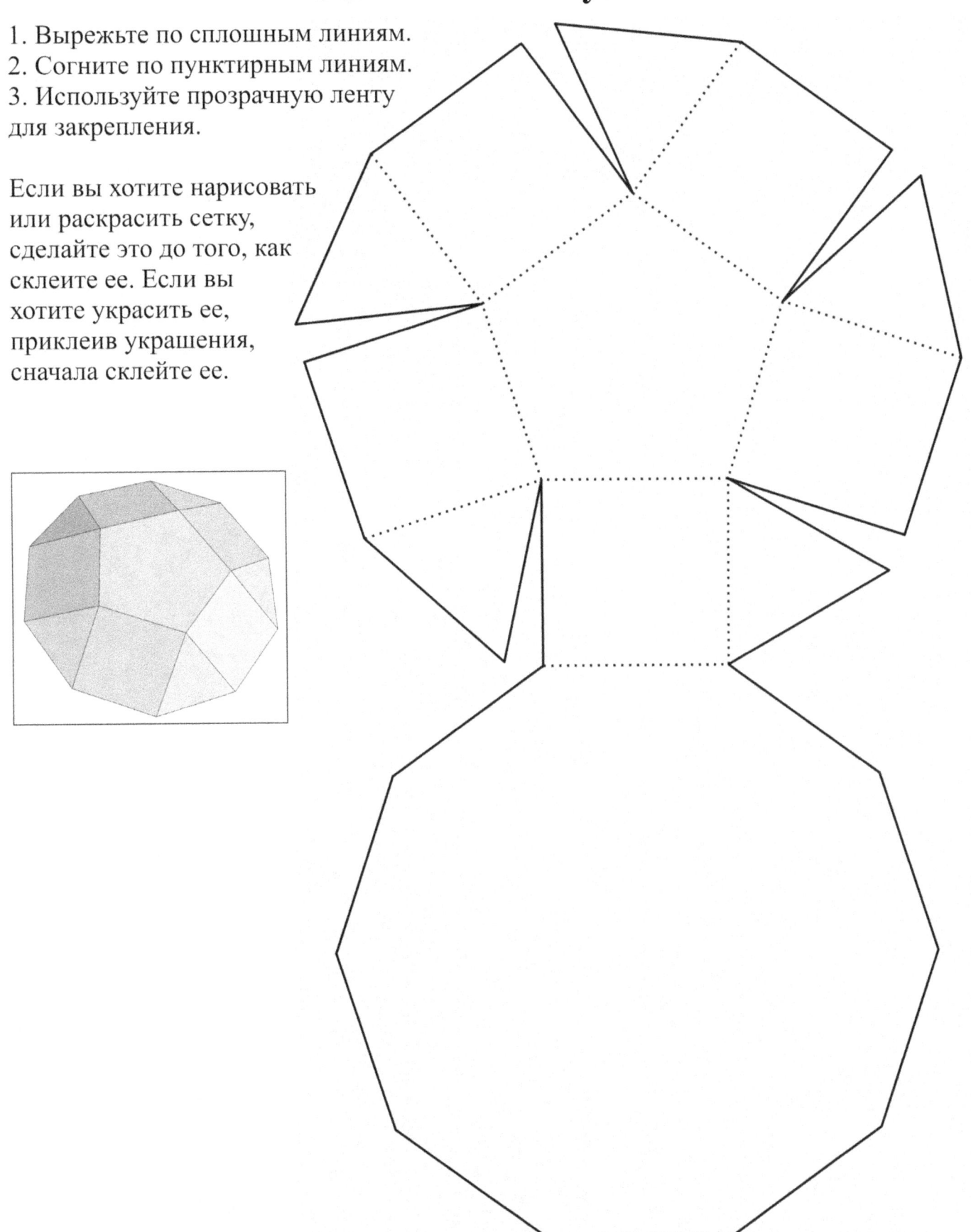

Пятиугольная бипирамида

1. Вырежьте по сплошным линиям.
2. Согните по пунктирным линиям.
3. Используйте прозрачную ленту для закрепления.

Если вы хотите нарисовать или раскрасить сетку, сделайте это до того, как склеите ее. Если вы хотите украсить ее, приклеив украшения, сначала склейте ее.

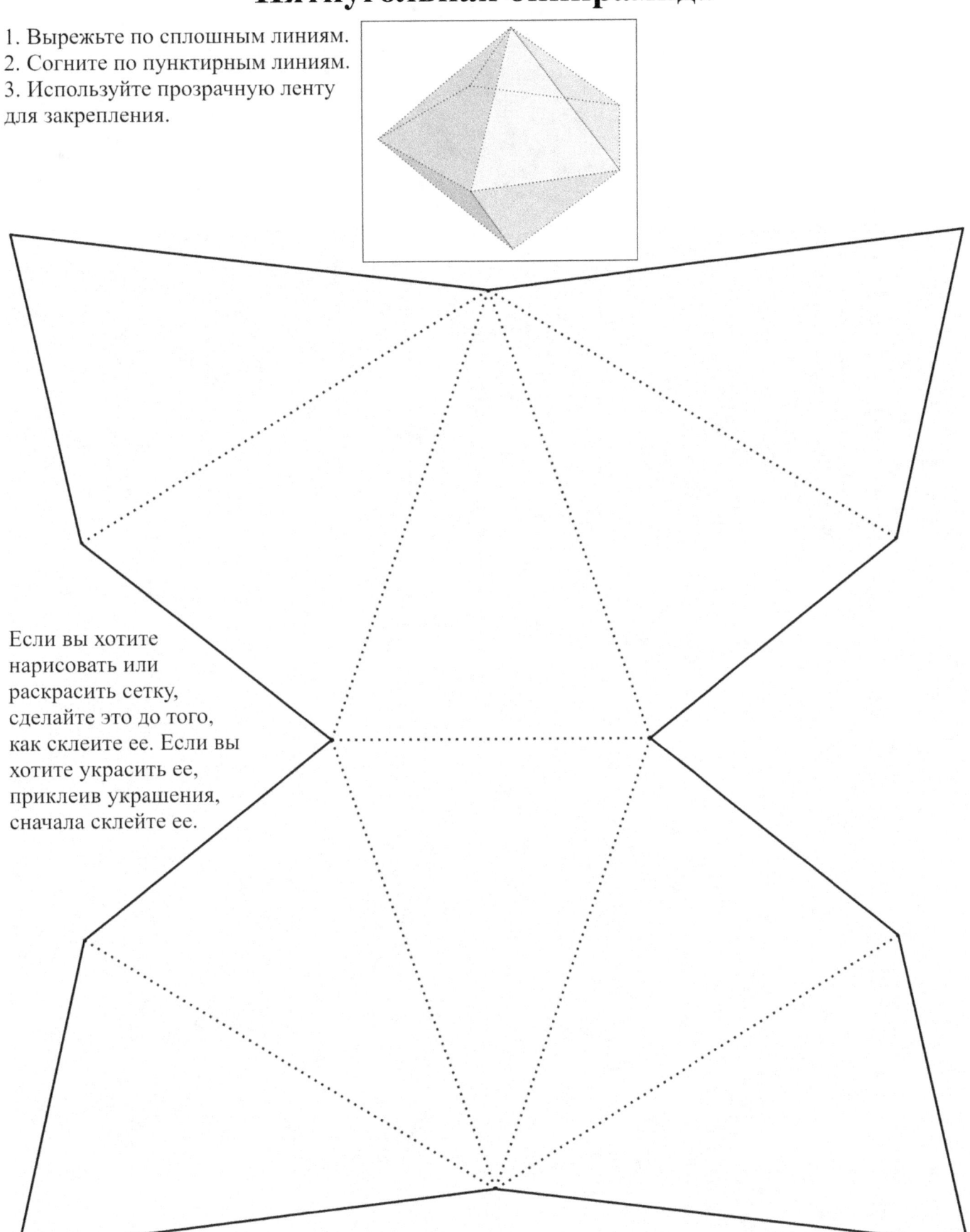

Пятиугольная призма

1. Вырежьте по сплошным линиям.
2. Согните по пунктирным линиям.
3. Используйте прозрачную ленту для закрепления.

Если вы хотите нарисовать или раскрасить сетку, сделайте это до того, как склеите ее. Если вы хотите украсить ее, приклеив украшения, сначала склейте ее.

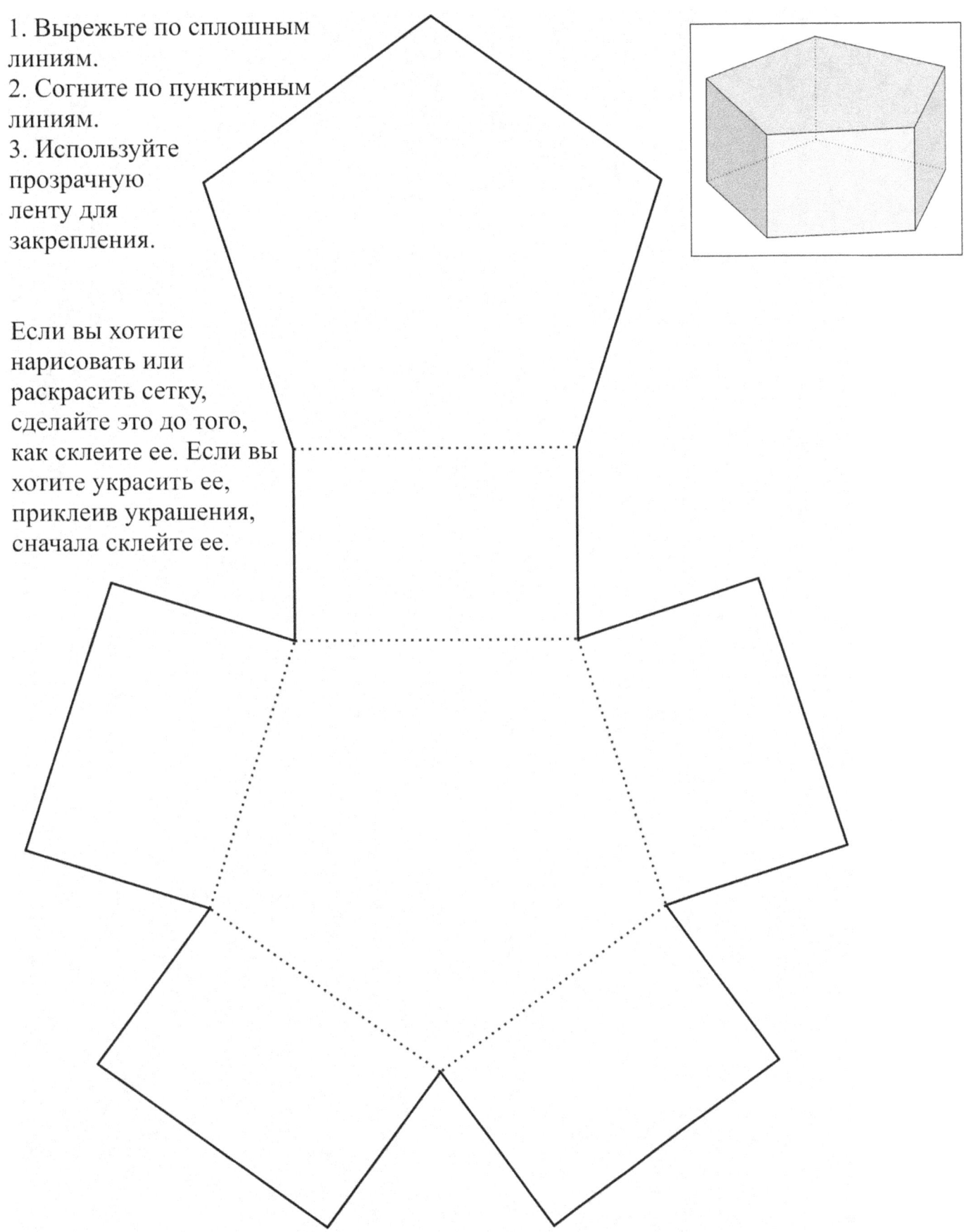

Развёртка многогранника проектная книга автор Дэвид Э. МакАдамс

Пятиугольная пирамида

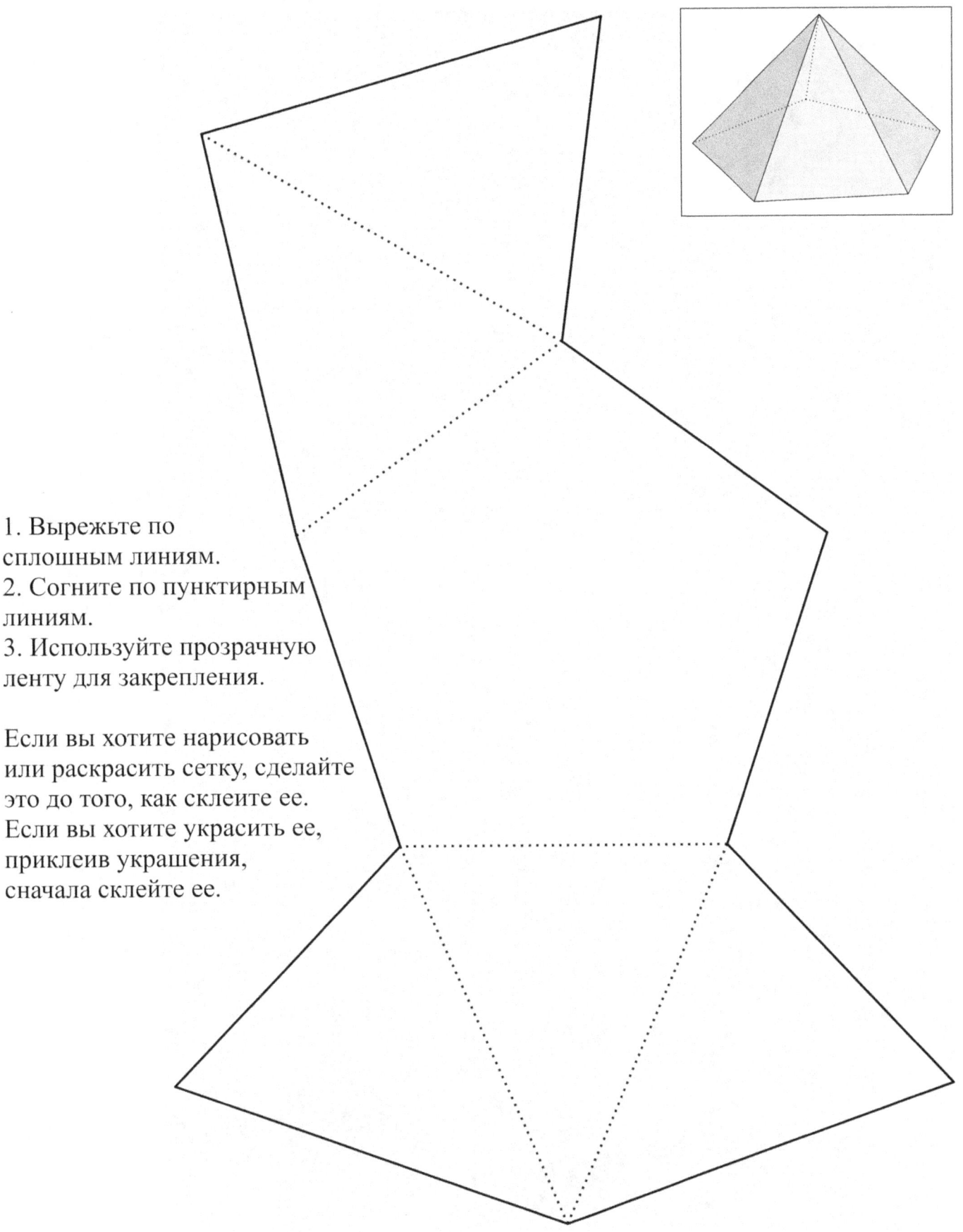

1. Вырежьте по сплошным линиям.
2. Согните по пунктирным линиям.
3. Используйте прозрачную ленту для закрепления.

Если вы хотите нарисовать или раскрасить сетку, сделайте это до того, как склеите ее. Если вы хотите украсить ее, приклеив украшения, сначала склейте ее.

Развёртка многогранника проектная книга автор Дэвид Э. МакАдамс

Авторские права 2024. Разрешено копирование только для случайного некоммерческого использования в образовательных целях. См. уведомление об авторских правах для получения дополнительной информации.

Пятискатная ротонда

1. Вырежьте по сплошным линиям.
2. Согните по пунктирным линиям.
3. Используйте прозрачную ленту для закрепления.

Если вы хотите нарисовать или раскрасить сетку, сделайте это до того, как склеите ее. Если вы хотите украсить ее, приклеив украшения, сначала склейте ее.

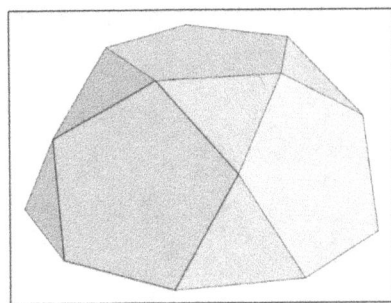

Пентаграмматическая призма

1. Вырежьте по сплошным линиям.
2. Согните по пунктирным линиям.
3. Используйте прозрачную ленту для закрепления.

Если вы хотите нарисовать или раскрасить сетку, сделайте это до того, как склеите ее. Если вы хотите украсить ее, приклеив украшения, сначала склейте ее.

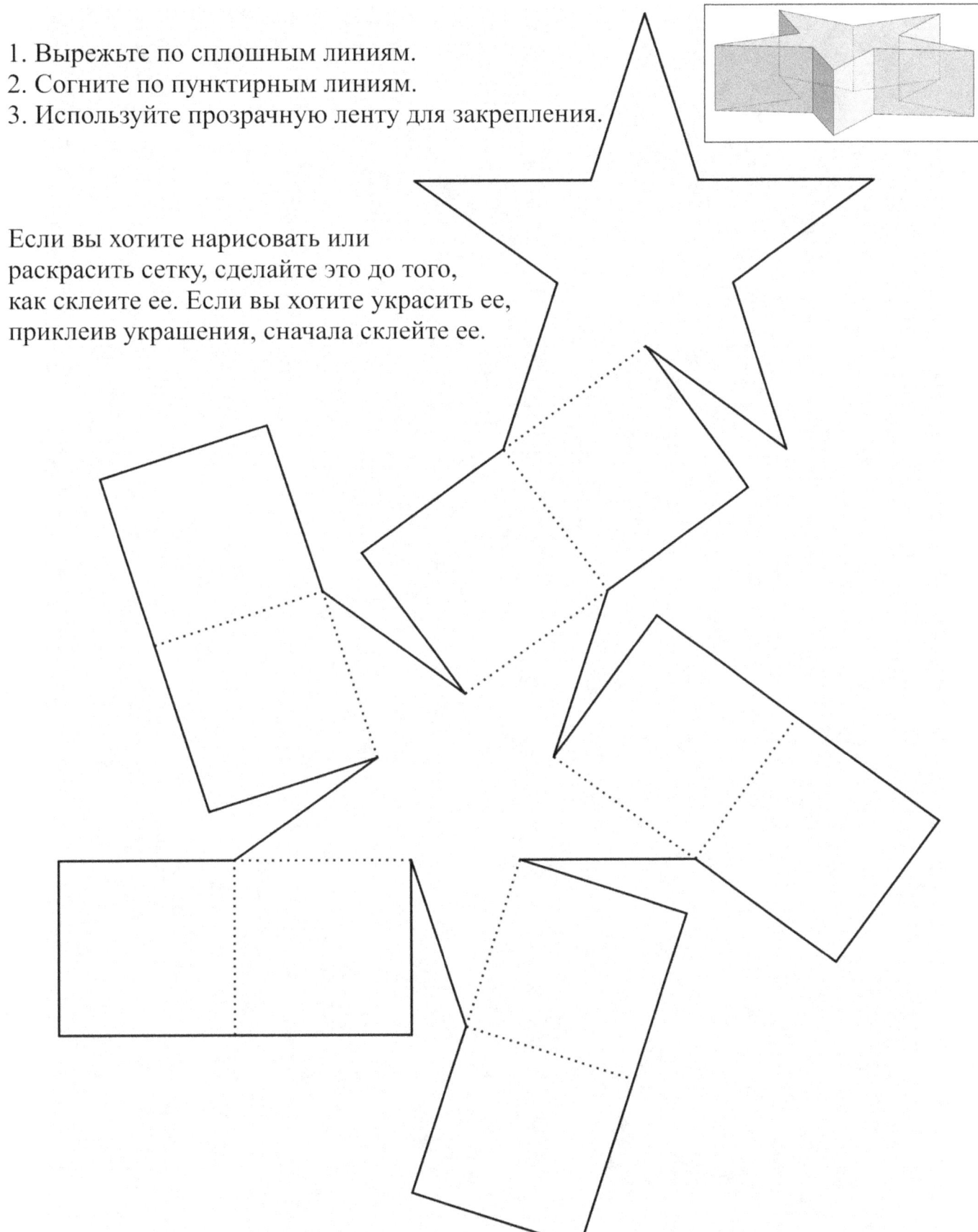

Прямоугольная пирамида

1. Вырежьте по сплошным линиям.
2. Согните по пунктирным линиям.
3. Используйте прозрачную ленту для закрепления.

Если вы хотите нарисовать или раскрасить сетку, сделайте это до того, как склеите ее. Если вы хотите украсить ее, приклеив украшения, сначала склейте ее.

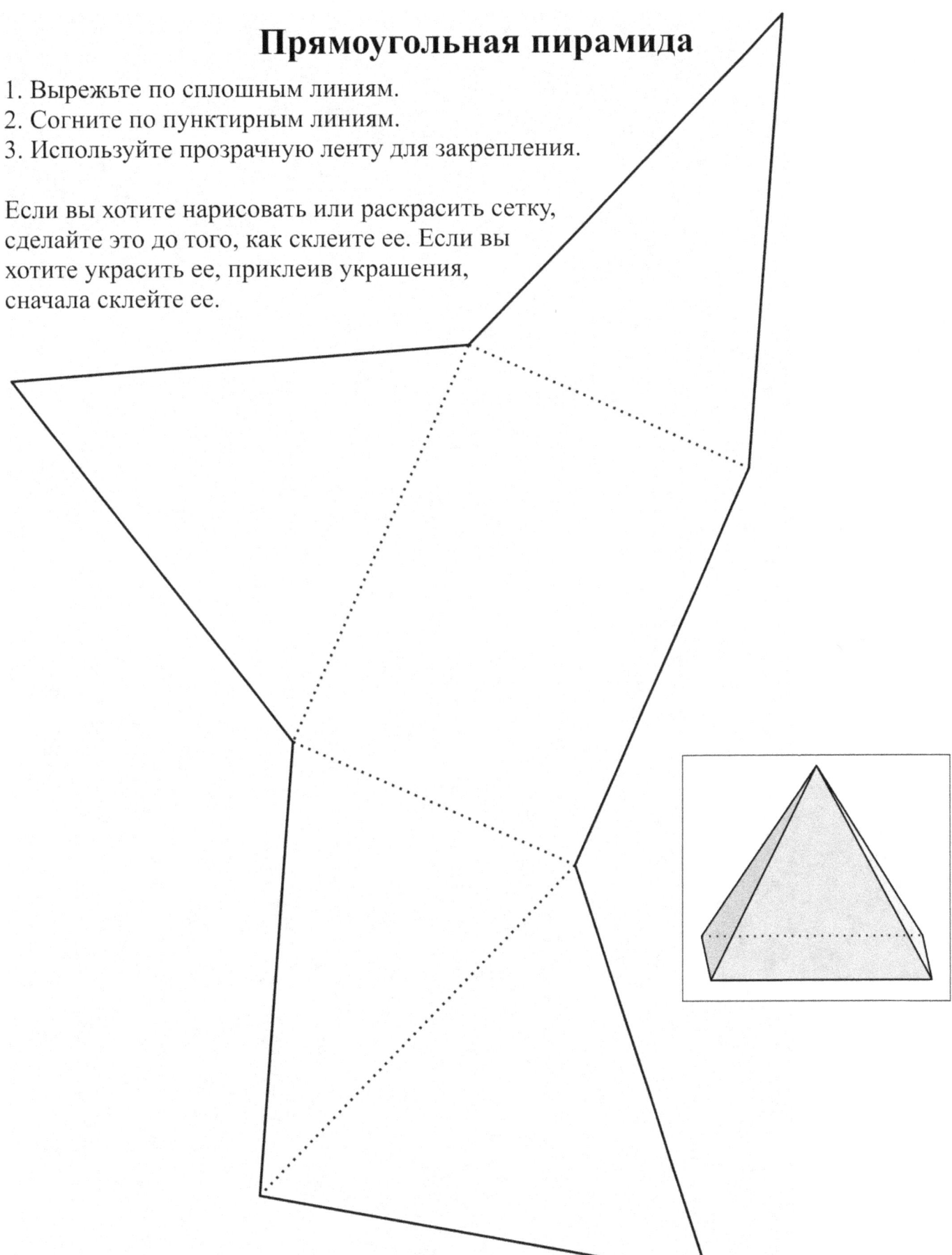

Ромбическая призма

1. Вырежьте по сплошным линиям.
2. Согните по пунктирным линиям.
3. Используйте прозрачную ленту для закрепления.

Если вы хотите нарисовать или раскрасить сетку, сделайте это до того, как склеите ее. Если вы хотите украсить ее, приклеив украшения, сначала склейте ее.

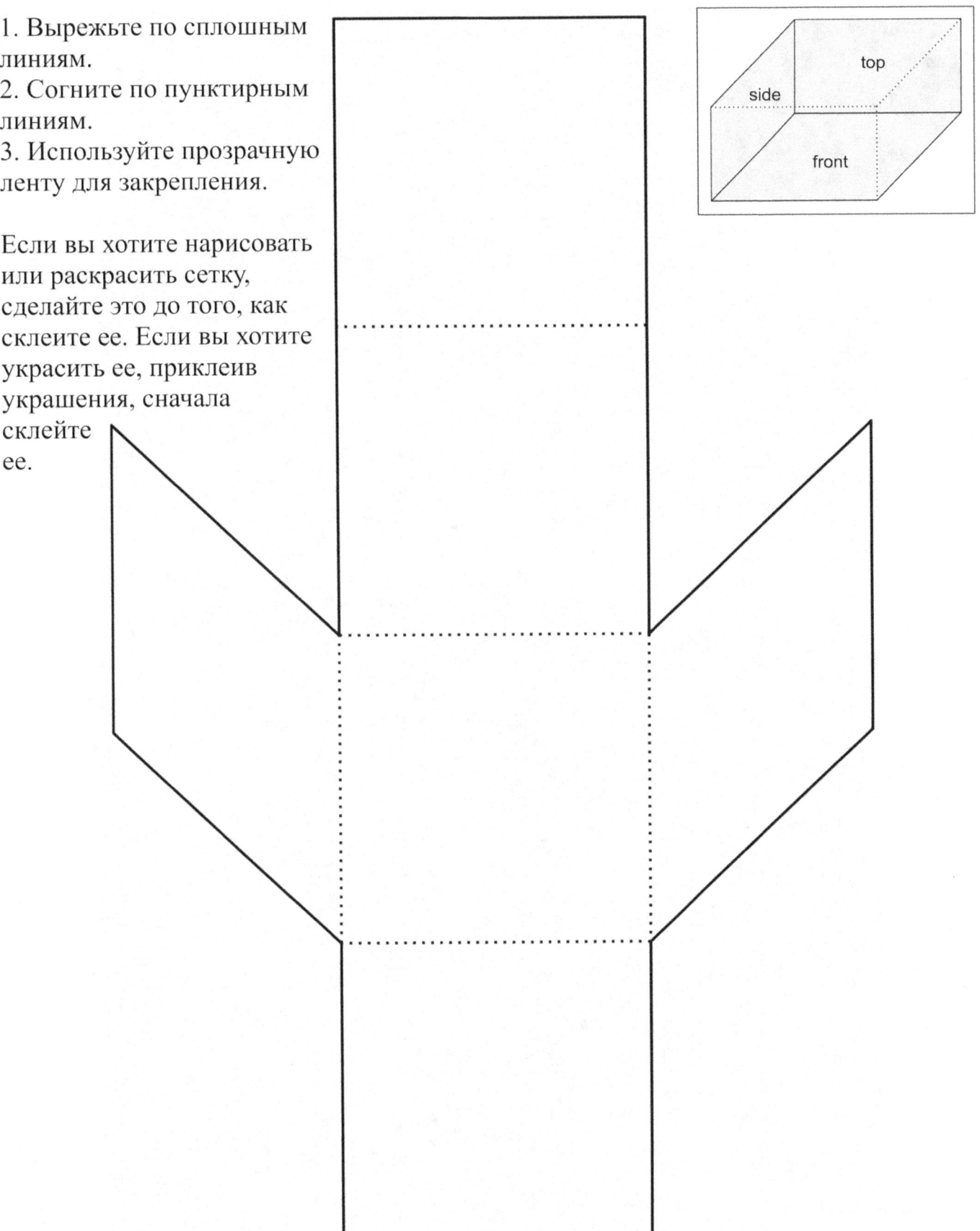

Ромбокубооктаэдр

1. Вырежьте по сплошным линиям.
2. Согните по пунктирным линиям.
3. Используйте прозрачную ленту для закрепления.

Если вы хотите нарисовать или раскрасить сетку, сделайте это до того, как склеите ее. Если вы хотите украсить ее, приклеив украшения, сначала склейте ее.

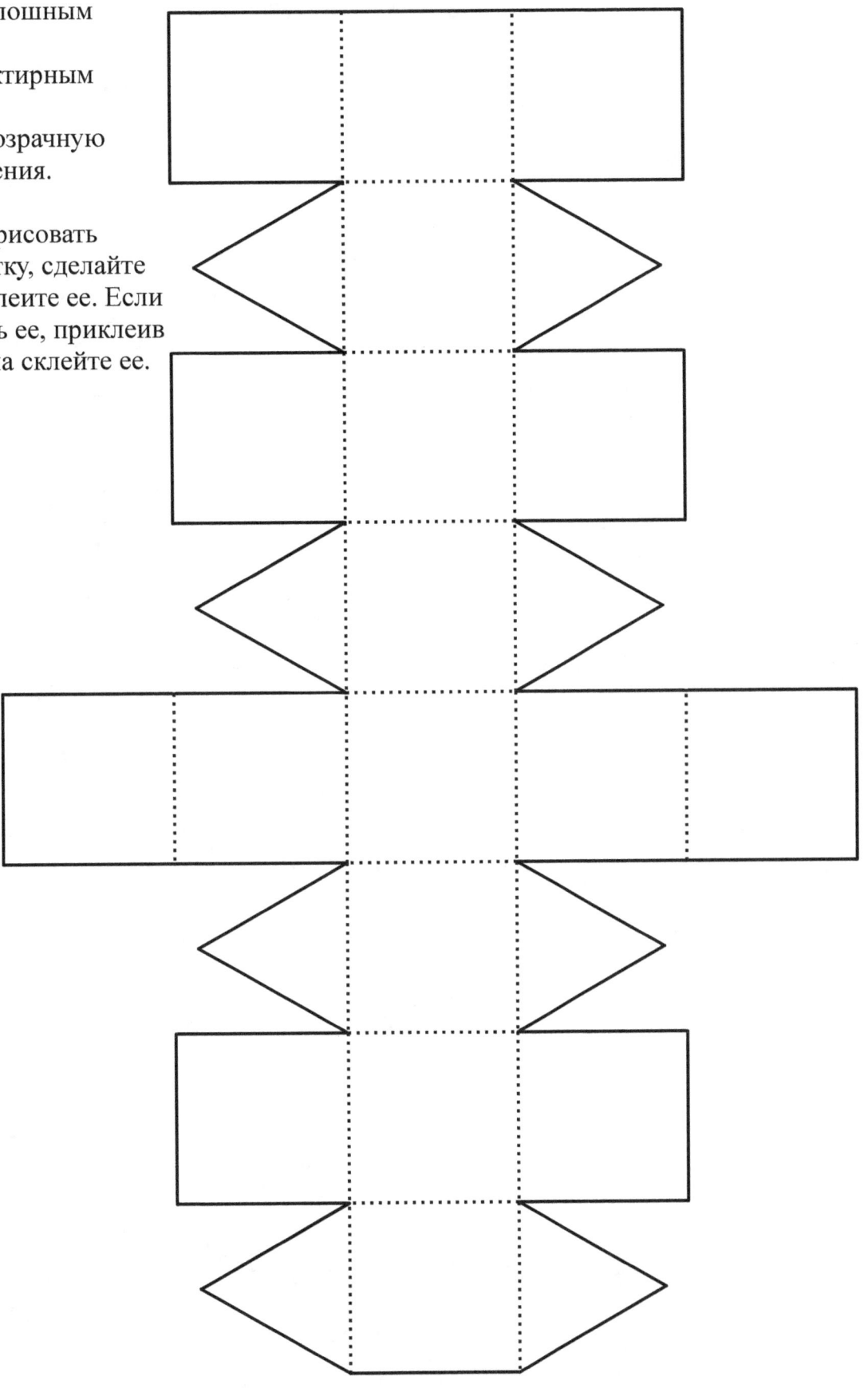

Развёртка многогранника проектная книга автор Дэвид Э. МакАдамс

Авторские права 2024. Разрешено копирование только для случайного некоммерческого использования в образовательных целях. См. уведомление об авторских правах для получения дополнительной информации.

Маленький ромбидодекаэдр

1. Это разворачивание двухчастного многогранника. Вырежьте по сплошным линиям.
2. Прикрепите две части к краю, обозначенному «G».
3. Согните по пунктирным линиям.
4. Используйте прозрачную ленту для скрепления.

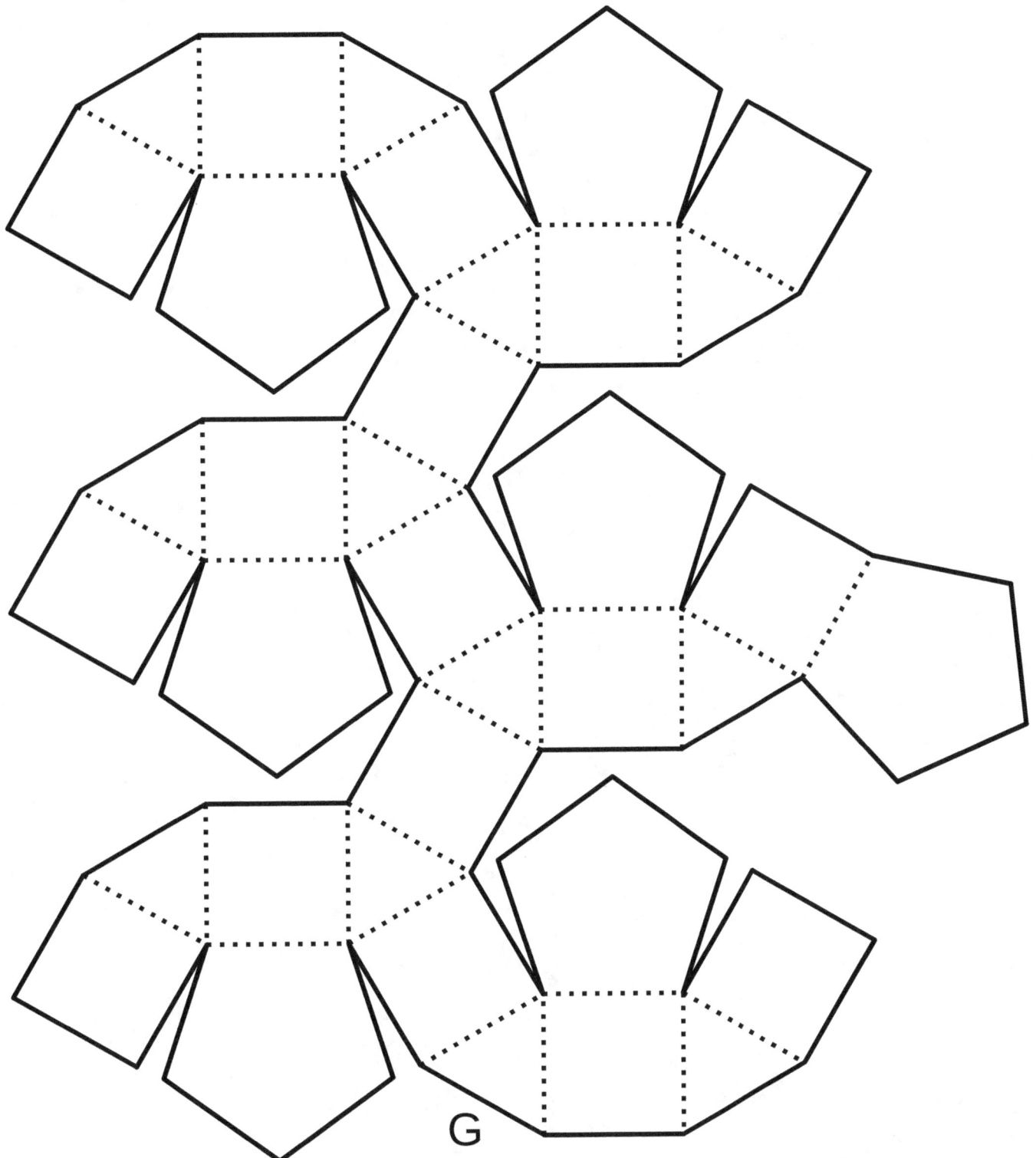

Если вы хотите нарисовать или раскрасить сетку, сделайте это до того, как склеите ее. Если вы хотите украсить ее, приклеив украшения, сначала склейте ее.

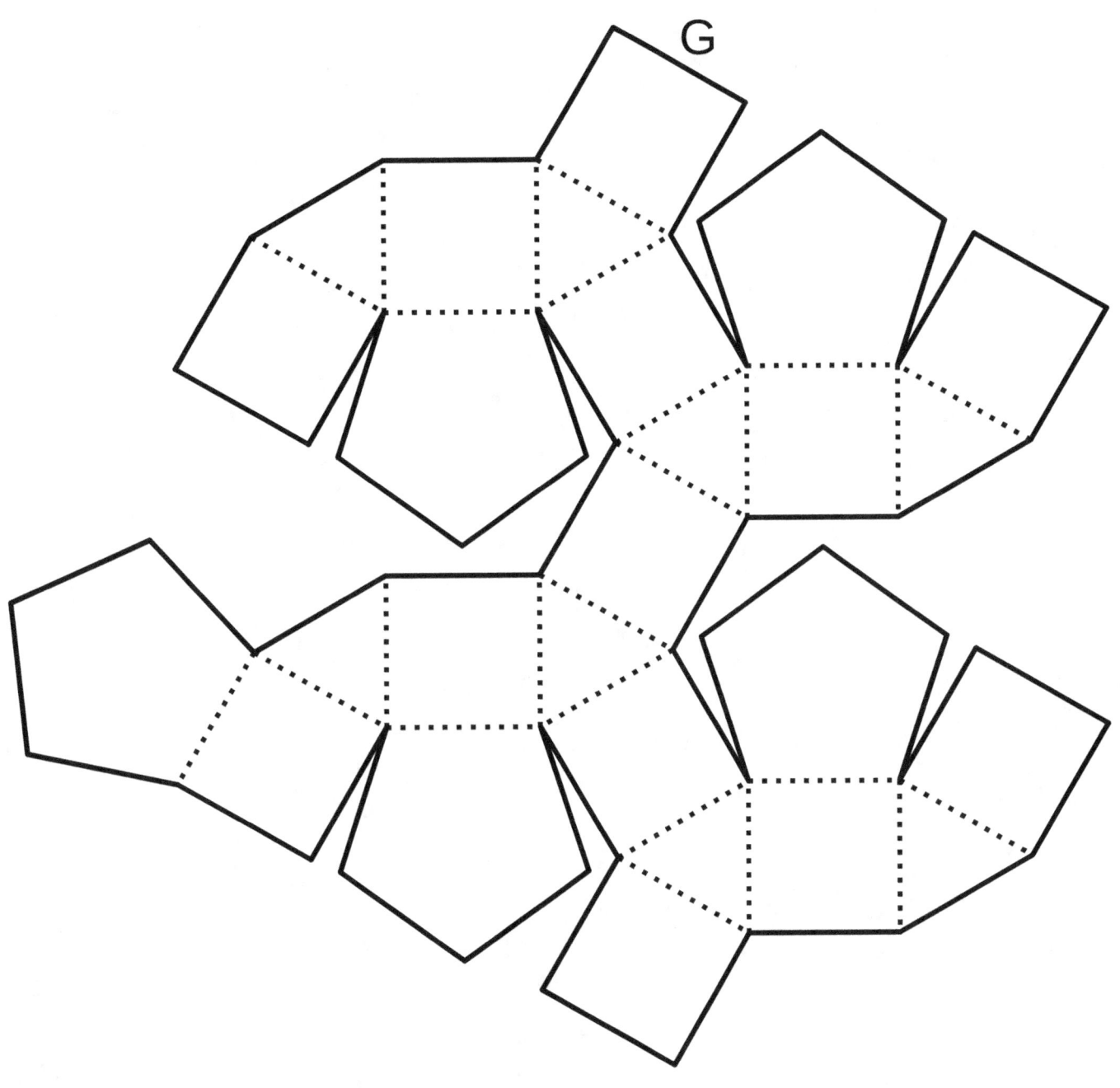

Малый звёздчатый додекаэдр

1. Это развёртка многогранника из двух частей. Скопируйте эту и следующую страницы.
2. Вырежьте обе фигуры по сплошным линиям.
3. Склейте две фигуры вместе на отрезке линии с надписью «А».
4. Согните по пунктирным линиям (….).
5. Согните назад по линиям дефиса (----)..
6. Используйте прозрачную липкую ленту для скрепления.

Если вы хотите нарисовать или раскрасить сетку, сделайте это до того, как склеите ее. Если вы хотите украсить ее, приклеив украшения, сначала склейте ее.

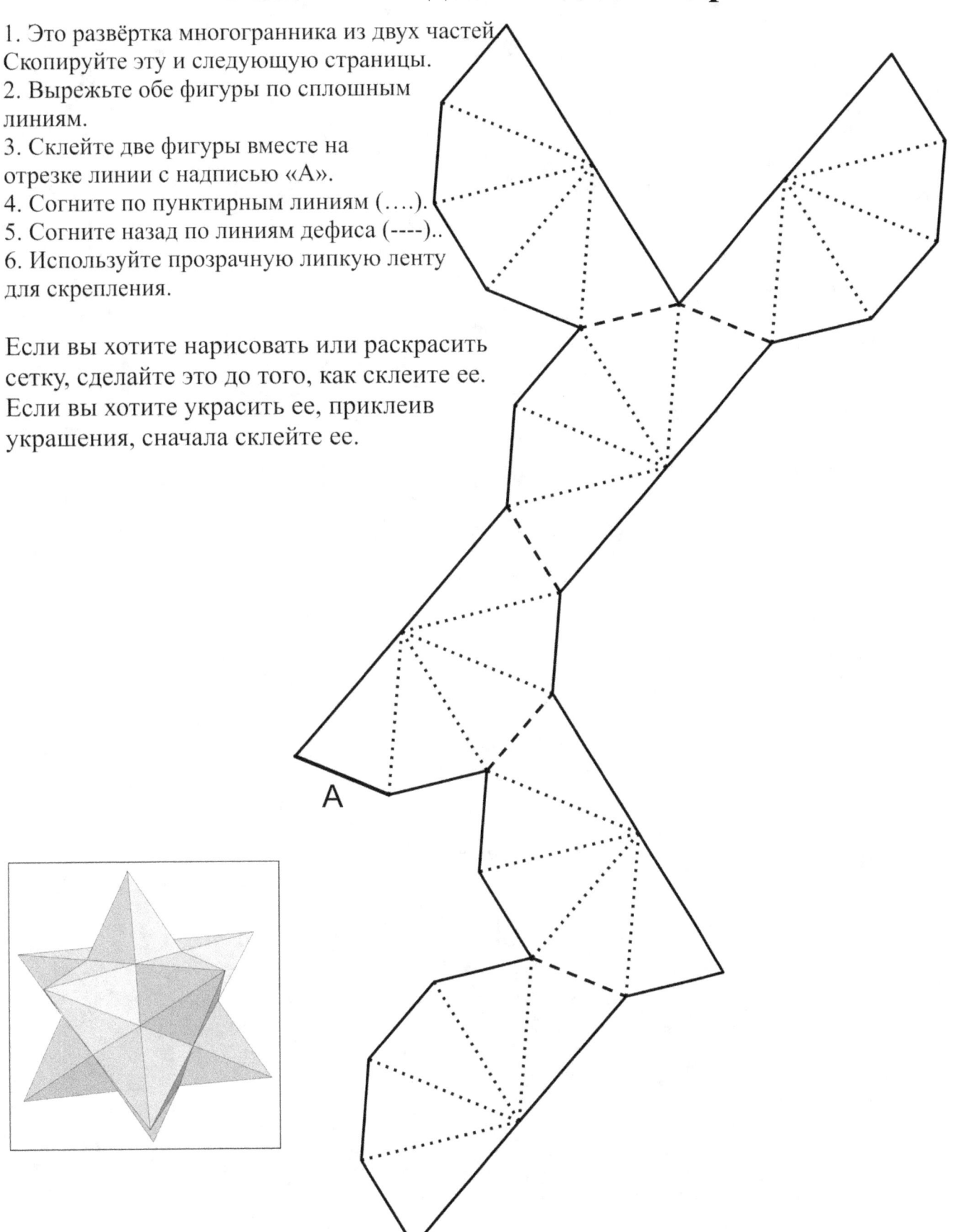

Развёртка многогранника проектная книга автор Дэвид Э. МакАдамс

Авторские права 2024. Разрешено копирование только для случайного некоммерческого использования в образовательных целях. См. уведомление об авторских правах для получения дополнительной информации.

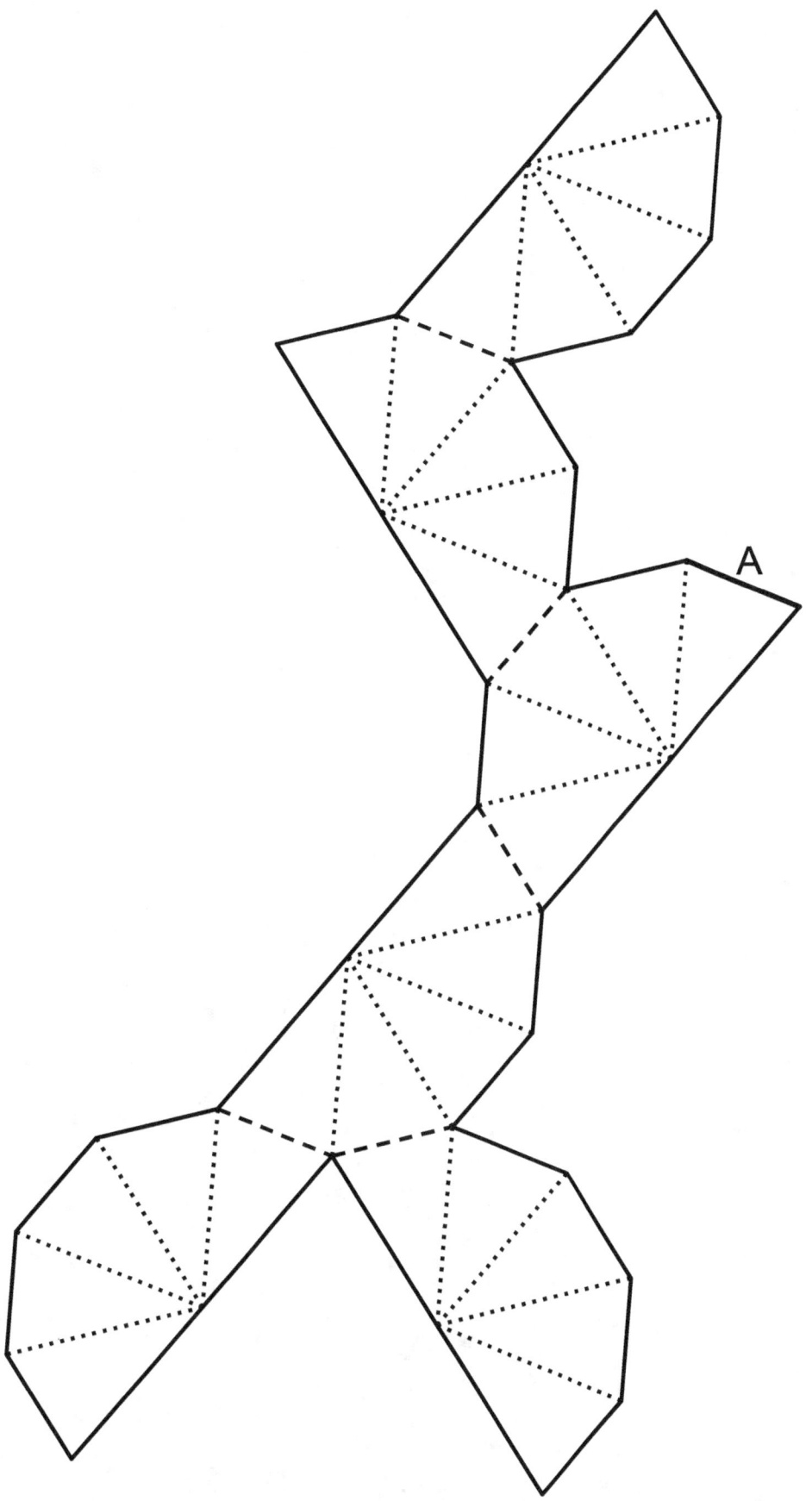

Курносый куб

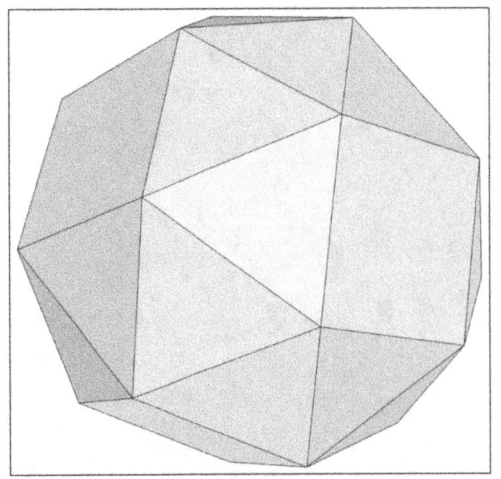

1. Это развёртка многогранника из двух частей. Скопируйте эту и следующую страницы.
2. Вырежьте обе фигуры по сплошным линиям.
3. Склейте две фигуры вместе на отрезке линии с надписью «К».
4. Согните по пунктирным линиям (….).
5. Используйте прозрачную липкую ленту для скрепления.

Если вы хотите нарисовать или раскрасить сетку, сделайте это до того, как склеите ее. Если вы хотите украсить ее, приклеив украшения, сначала склейте ее.

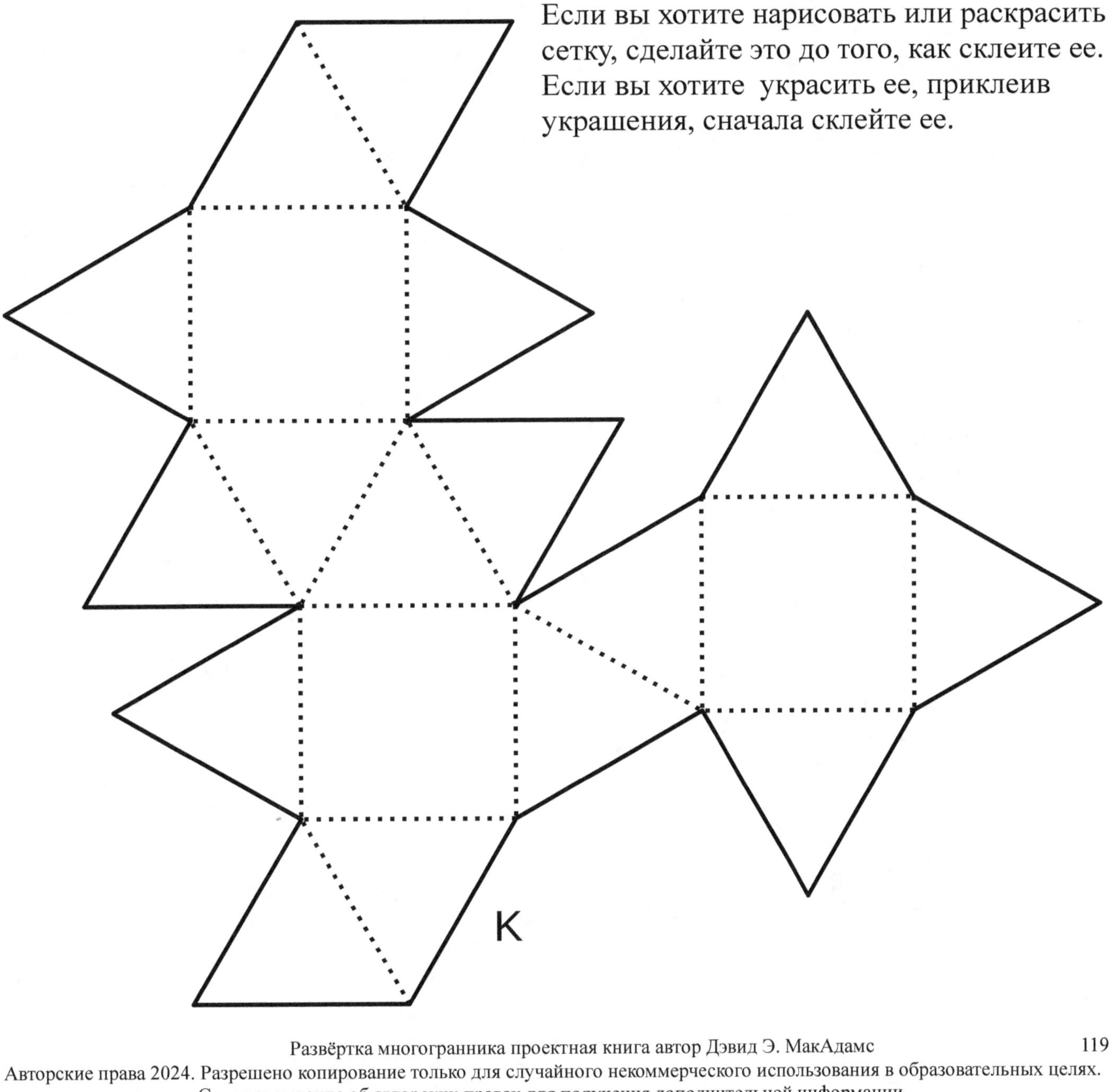

К

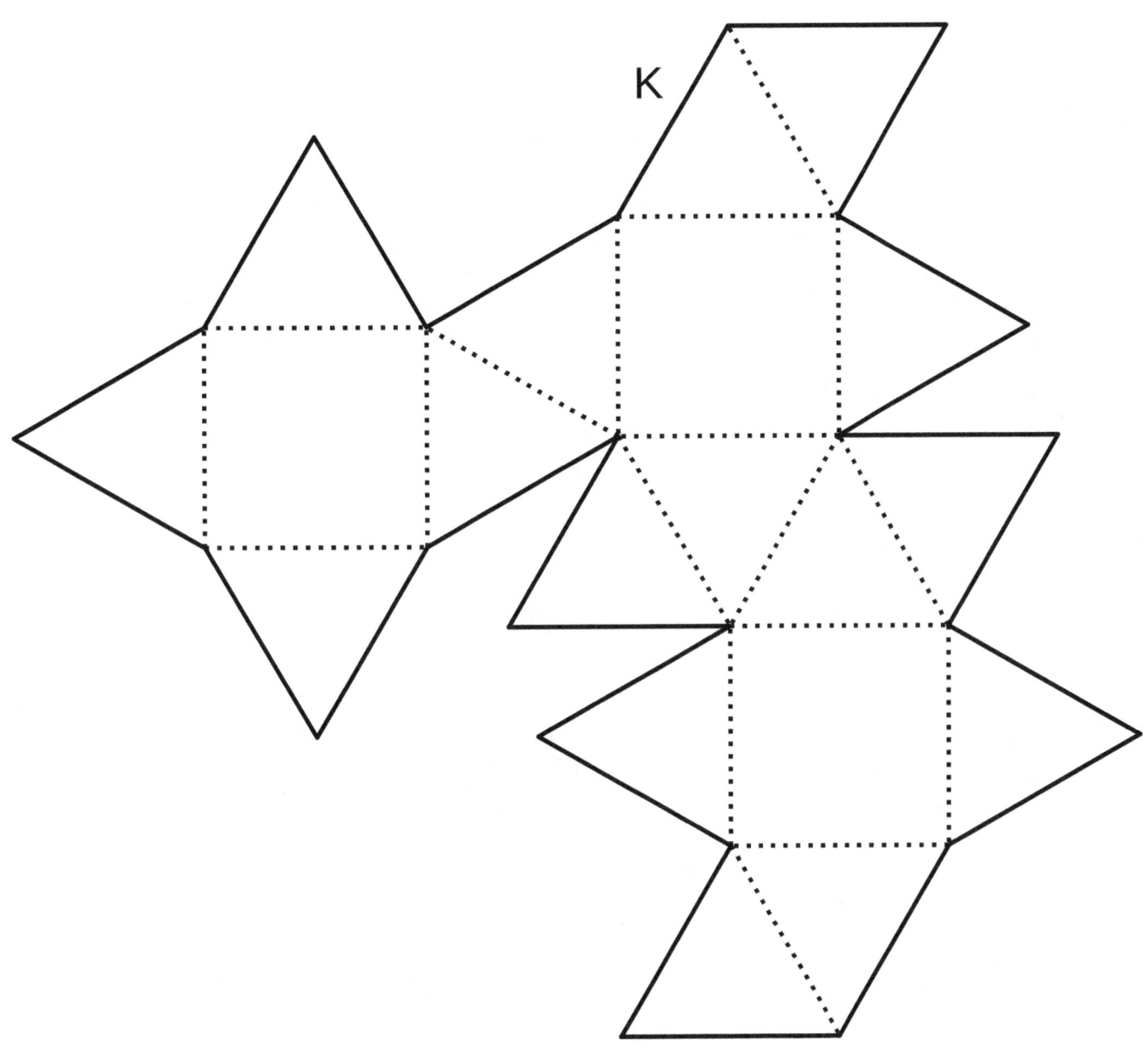

Плосконосый додекаэдр

1. Это развёртка многогранника из двух частей. Скопируйте эту и следующую страницы.
2. Вырежьте обе фигуры по сплошным линиям.
3. Склейте две фигуры вместе на отрезке линии с надписью «Z».
4. Согните по пунктирным линиям.
5. Используйте прозрачную липкую ленту для скрепления.

Если вы хотите нарисовать или раскрасить сетку, сделайте это до того, как склеите ее. Если вы хотите украсить ее, приклеив украшения, сначала склейте ее.

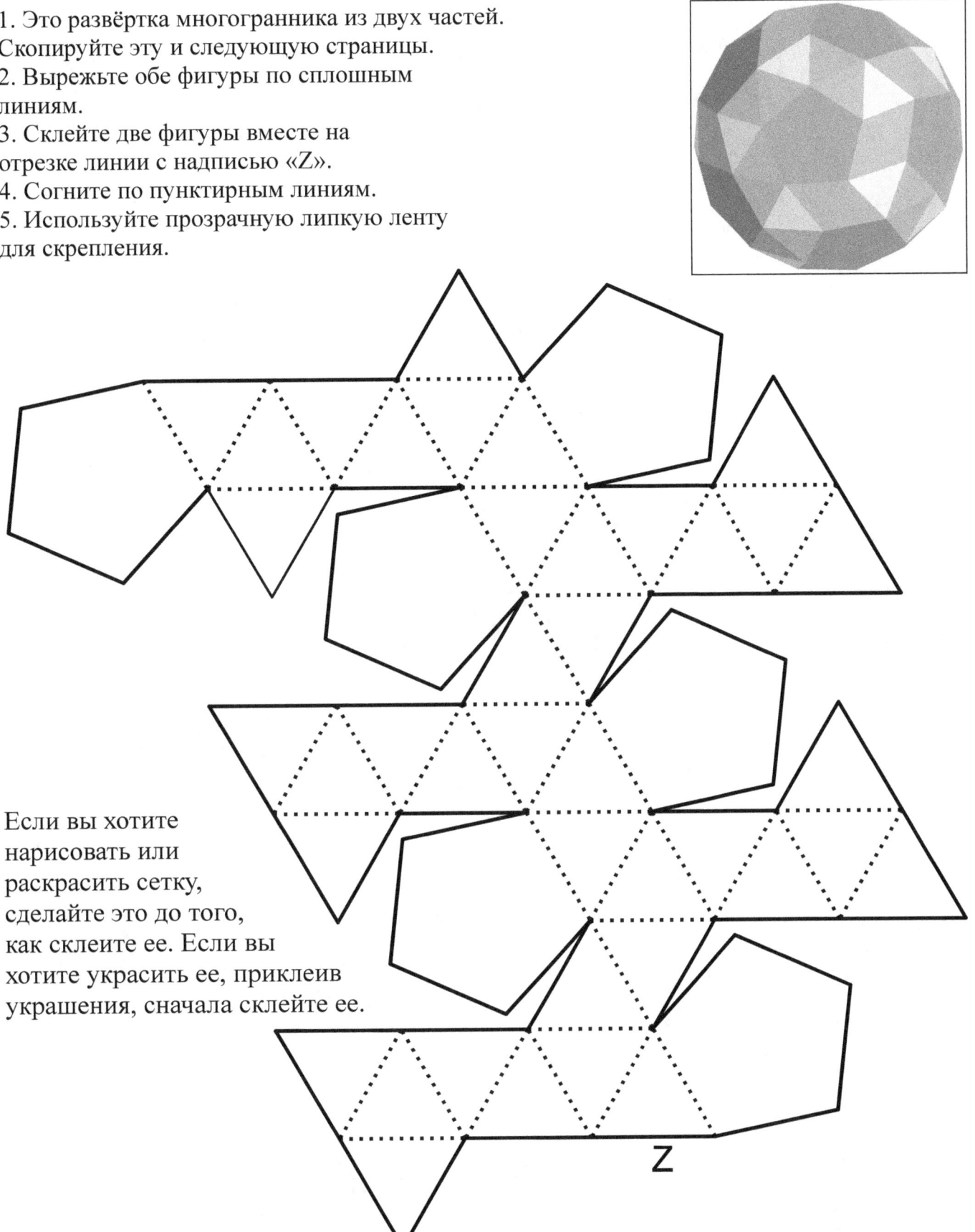

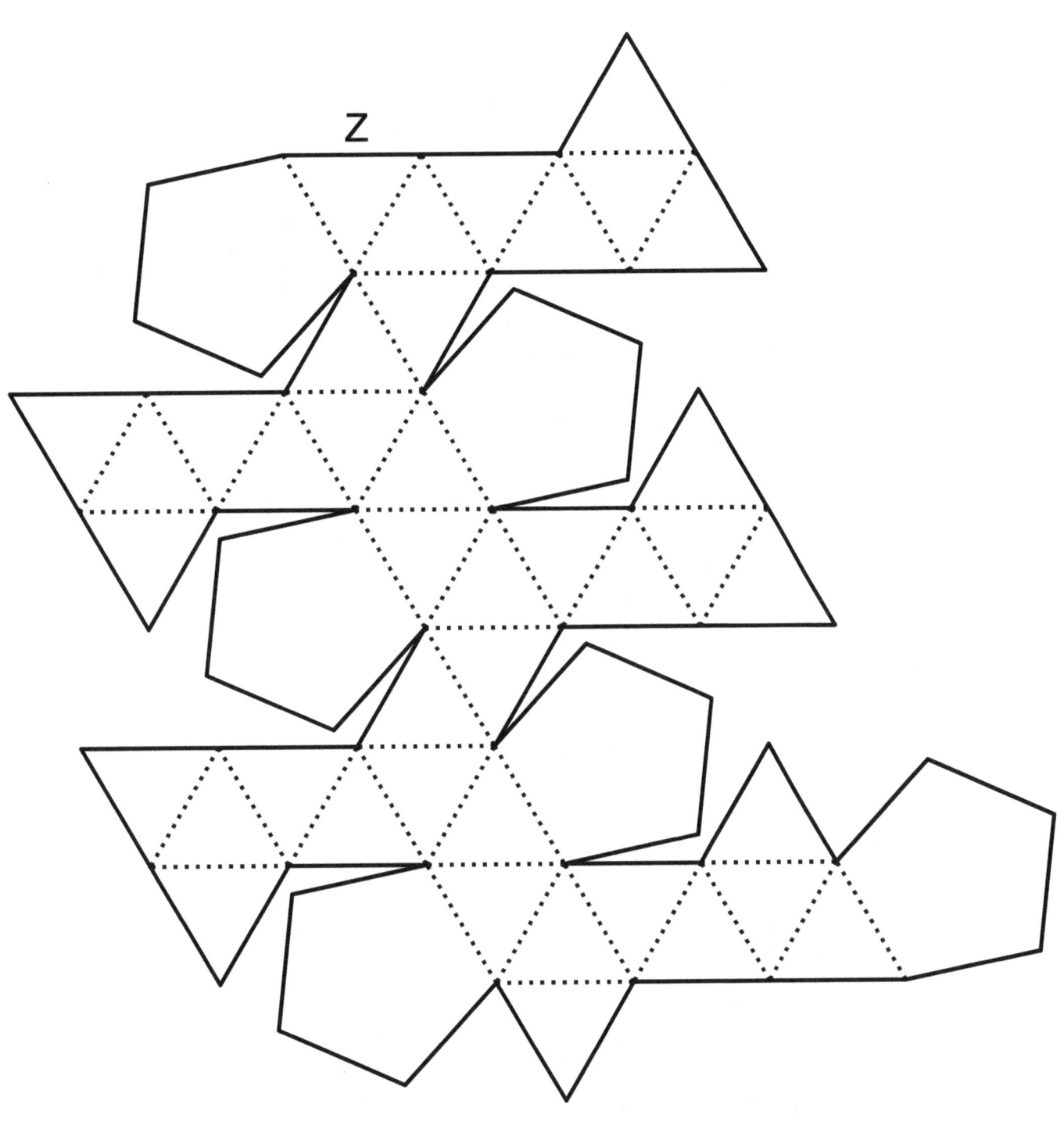

Квадратная антипризма

1. Вырежьте по сплошным линиям.
2. Согните по пунктирным линиям.
3. Используйте прозрачную ленту для закрепления.

Если вы хотите нарисовать или раскрасить сетку, сделайте это до того, как склеите ее. Если вы хотите украсить ее, приклеив украшения, сначала склейте ее.

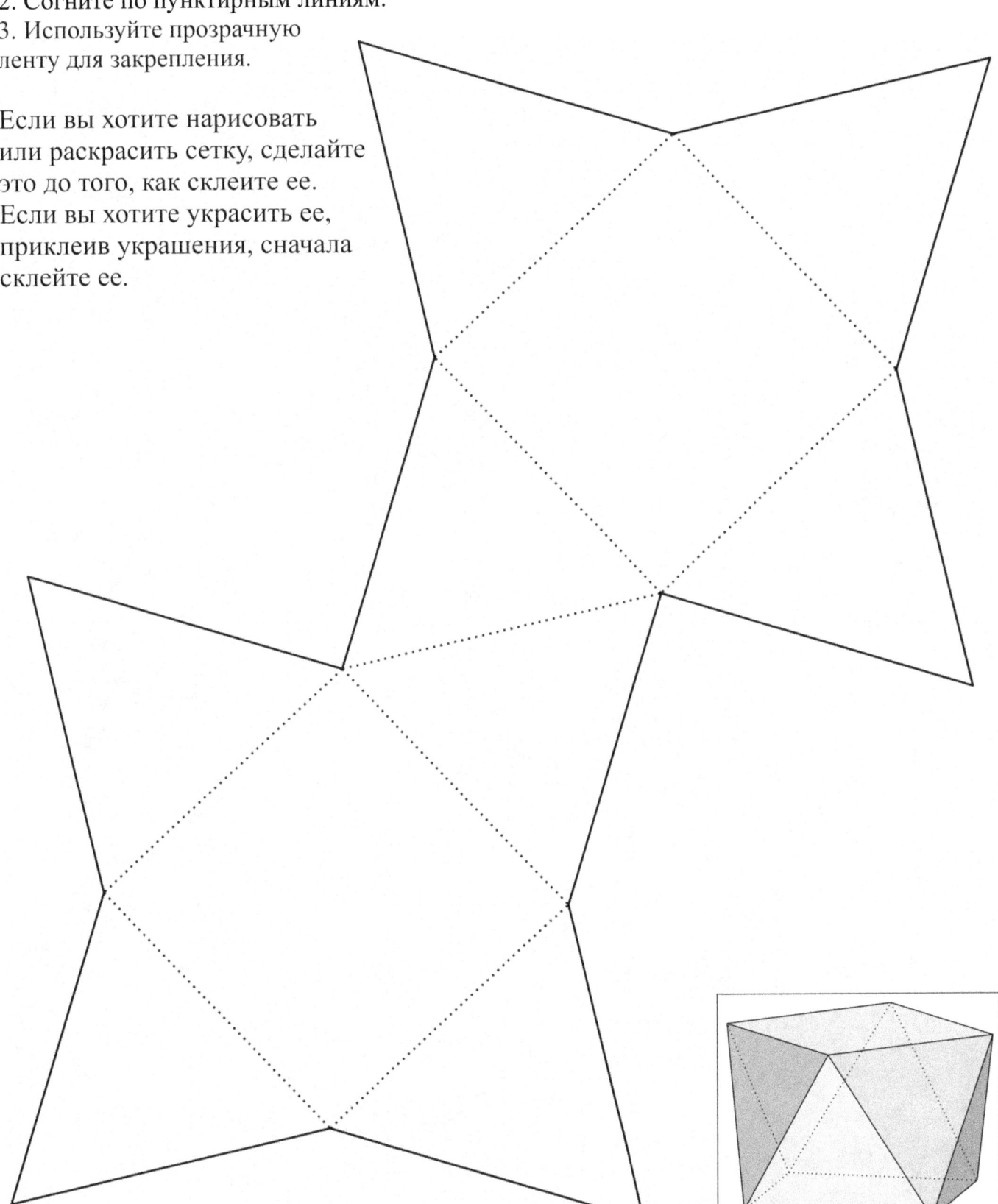

Развёртка многогранника проектная книга автор Дэвид Э. МакАдамс

Четырёхскатный купол

1. Вырежьте по сплошным линиям.
2. Согните по пунктирным линиям.
3. Используйте прозрачную ленту для закрепления.

Если вы хотите нарисовать или раскрасить сетку, сделайте это до того, как склеите ее. Если вы хотите украсить ее, приклеив украшения, сначала склейте ее.

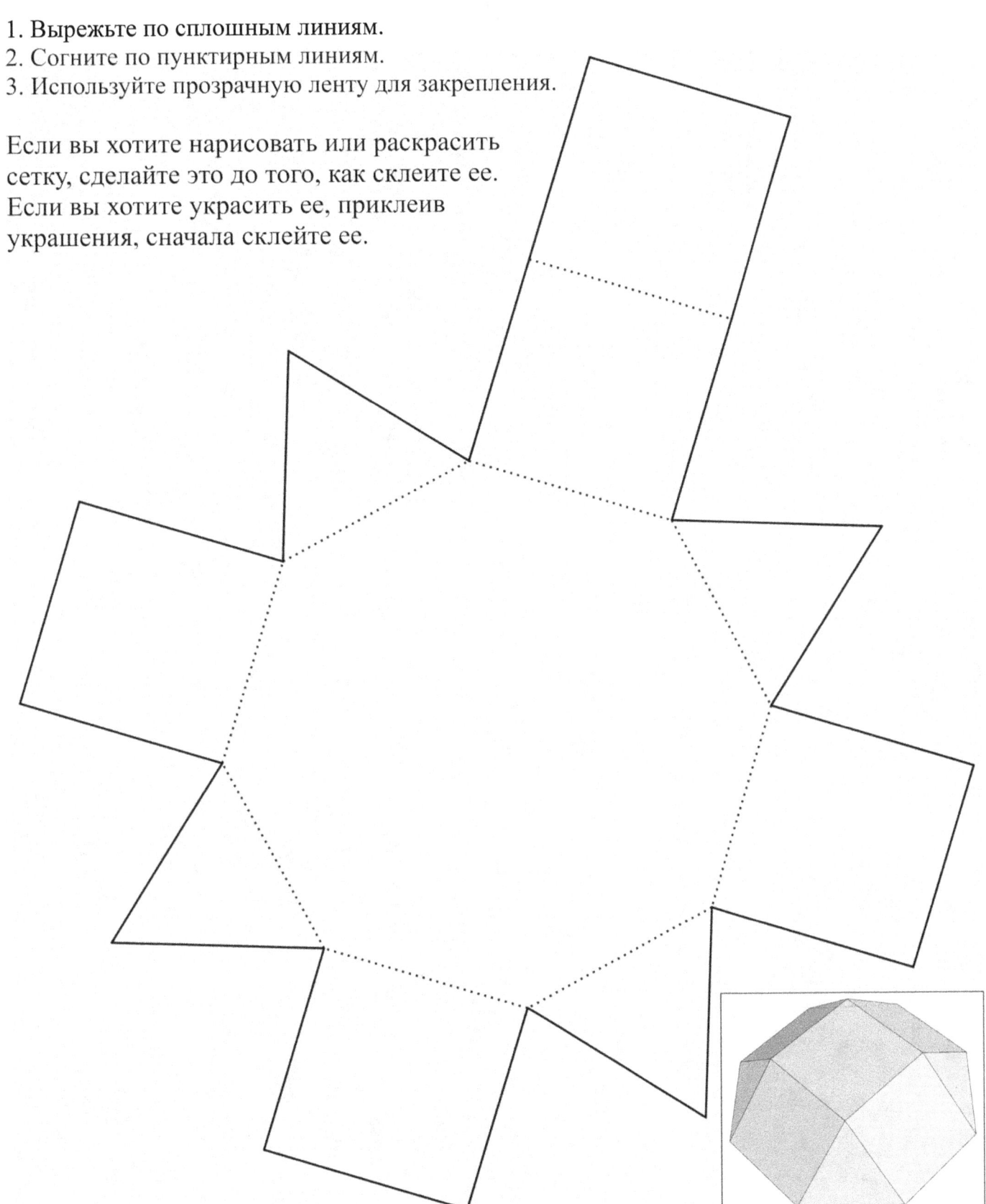

Развёртка многогранника проектная книга автор Дэвид Э. МакАдамс

Квадратная пирамида

1. Вырежьте по сплошным линиям.
2. Согните по пунктирным линиям.
3. Используйте прозрачную ленту для закрепления.

Если вы хотите нарисовать или раскрасить сетку, сделайте это до того, как склеите ее. Если вы хотите украсить ее, приклеив украшения, сначала склейте ее.

Развёртка многогранника проектная книга автор Дэвид Э. МакАдамс

Авторские права 2024. Разрешено копирование только для случайного некоммерческого использования в образовательных целях. См. уведомление об авторских правах для получения дополнительной информации.

Квадратный трапецоэдр

1. Вырежьте по сплошным линиям.
2. Согните по пунктирным линиям.
3. Используйте прозрачную ленту для закрепления.

Если вы хотите нарисовать или раскрасить сетку, сделайте это до того, как склеите ее. Если вы хотите украсить ее, приклеив украшения, сначала склейте ее.

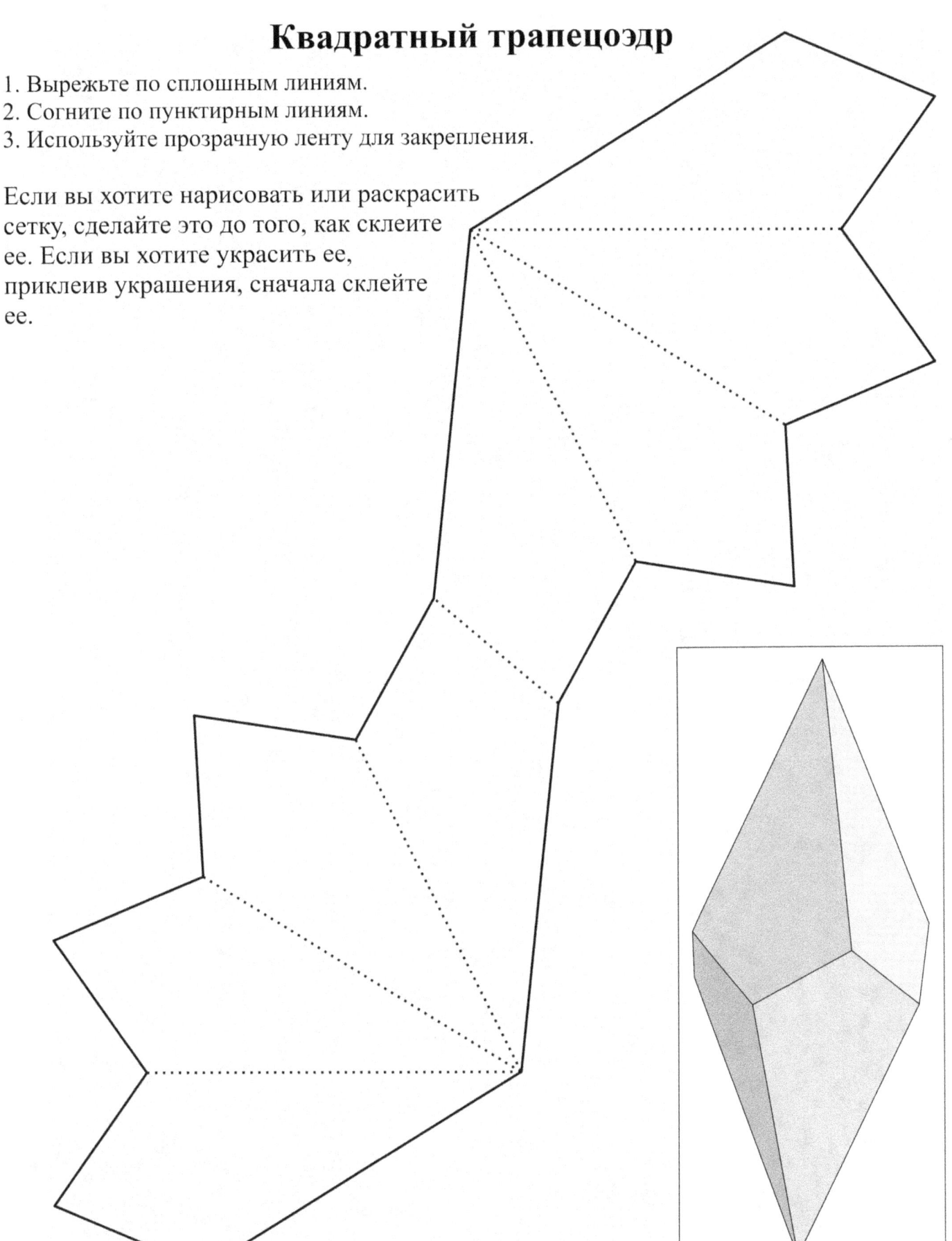

Звёздчатый октаэдр

1. Разрежьте по сплошным линиям.
2. Согните по пунктирным линиям.
3. Сложите обратно по линиям дефиса.
4. Используйте прозрачную ленту для фиксации.

Если вы хотите нарисовать или раскрасить сетку, сделайте это до того, как склеите ее. Если вы хотите украсить ее, приклеив украшения, сначала склейте ее.

Развёртка многогранника проектная книга автор Дэвид Э. МакАдамс

Авторские права 2024. Разрешено копирование только для случайного некоммерческого использования в образовательных целях. См. уведомление об авторских правах для получения дополнительной информации.

Правильный тетраэдр

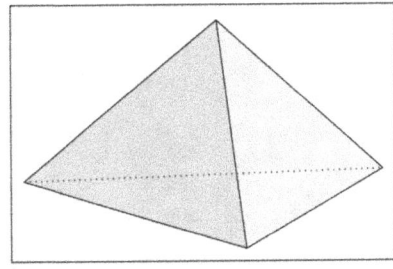

1. Вырежьте по сплошным линиям.
2. Согните по пунктирным линиям.
3. Используйте прозрачную ленту для закрепления.

Если вы хотите нарисовать или раскрасить сетку, сделайте это до того, как склеите ее. Если вы хотите украсить ее, приклеив украшения, сначала склейте ее.

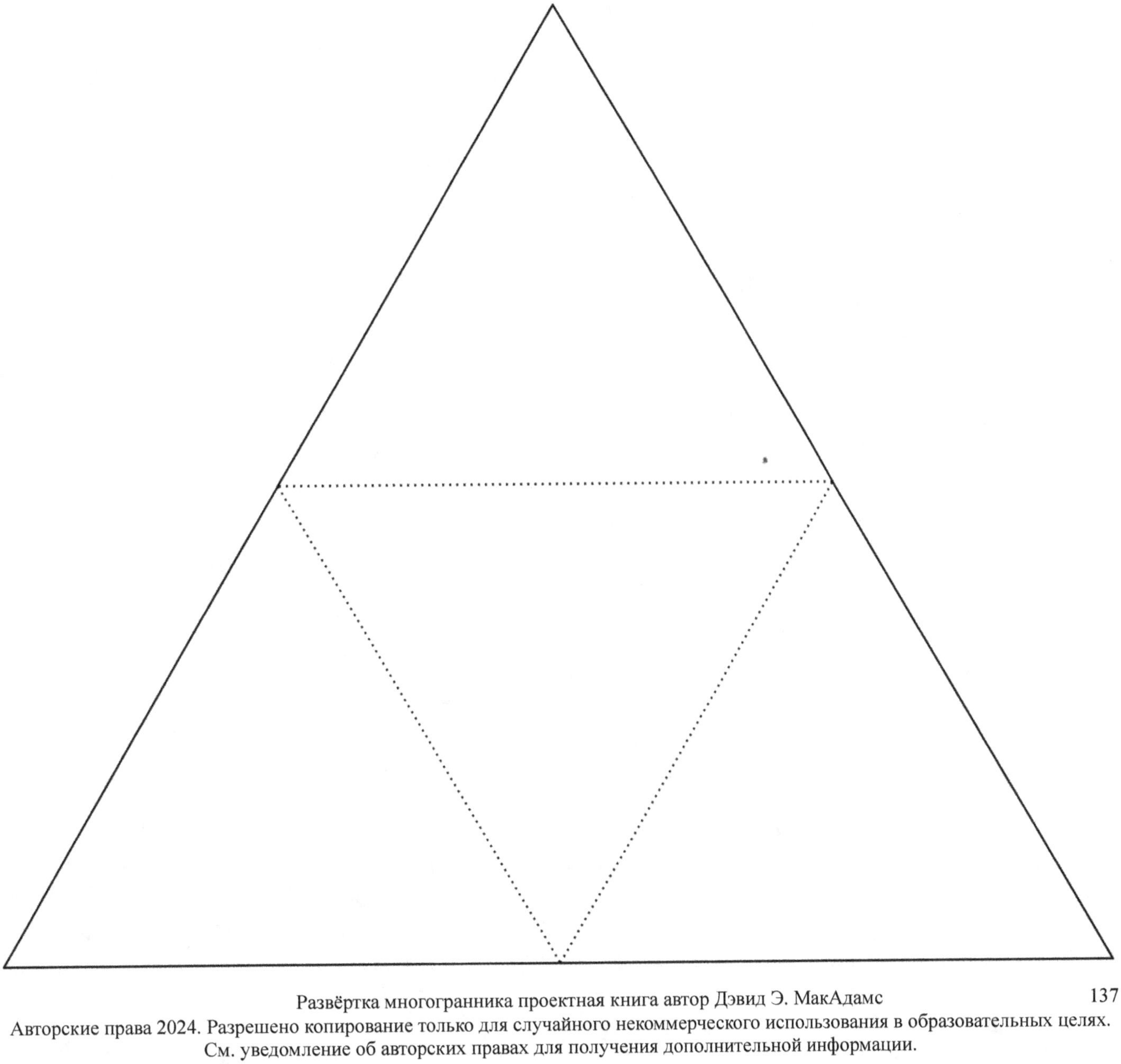

Тетракисгексаэдр

1. Вырежьте по сплошным линиям.
2. Согните по пунктирным линиям.
3. Используйте прозрачную ленту для закрепления.

Если вы хотите нарисовать или раскрасить сетку, сделайте это до того, как склеите ее. Если вы хотите украсить ее, приклеив украшения, сначала склейте ее.

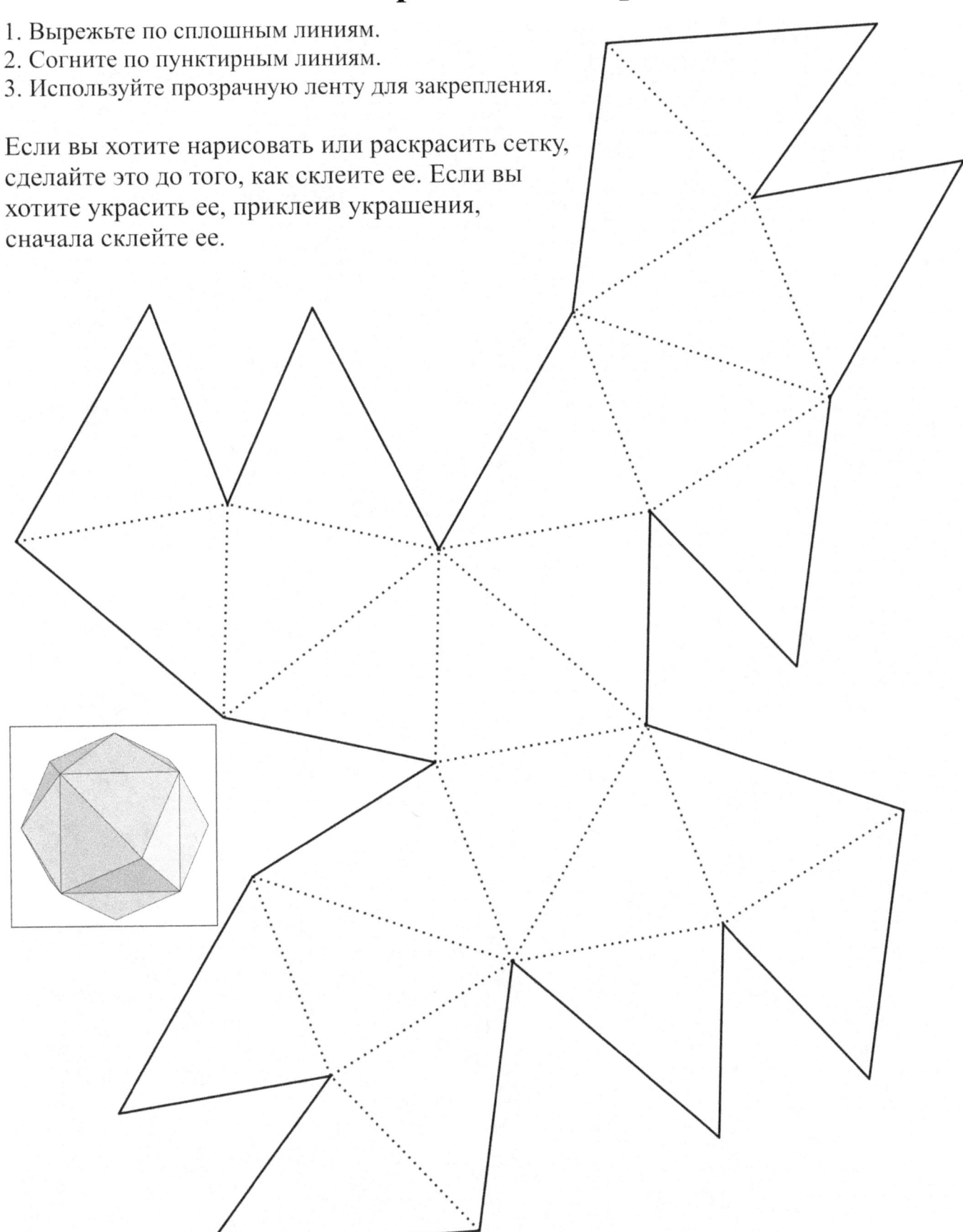

Триакисоктаэдр

1. Вырежьте по сплошным линиям.
2. Согните по пунктирным линиям.
3. Используйте прозрачную ленту для закрепления.

Если вы хотите нарисовать или раскрасить сетку, сделайте это до того, как склеите ее. Если вы хотите украсить ее, приклеив украшения, сначала склейте ее.

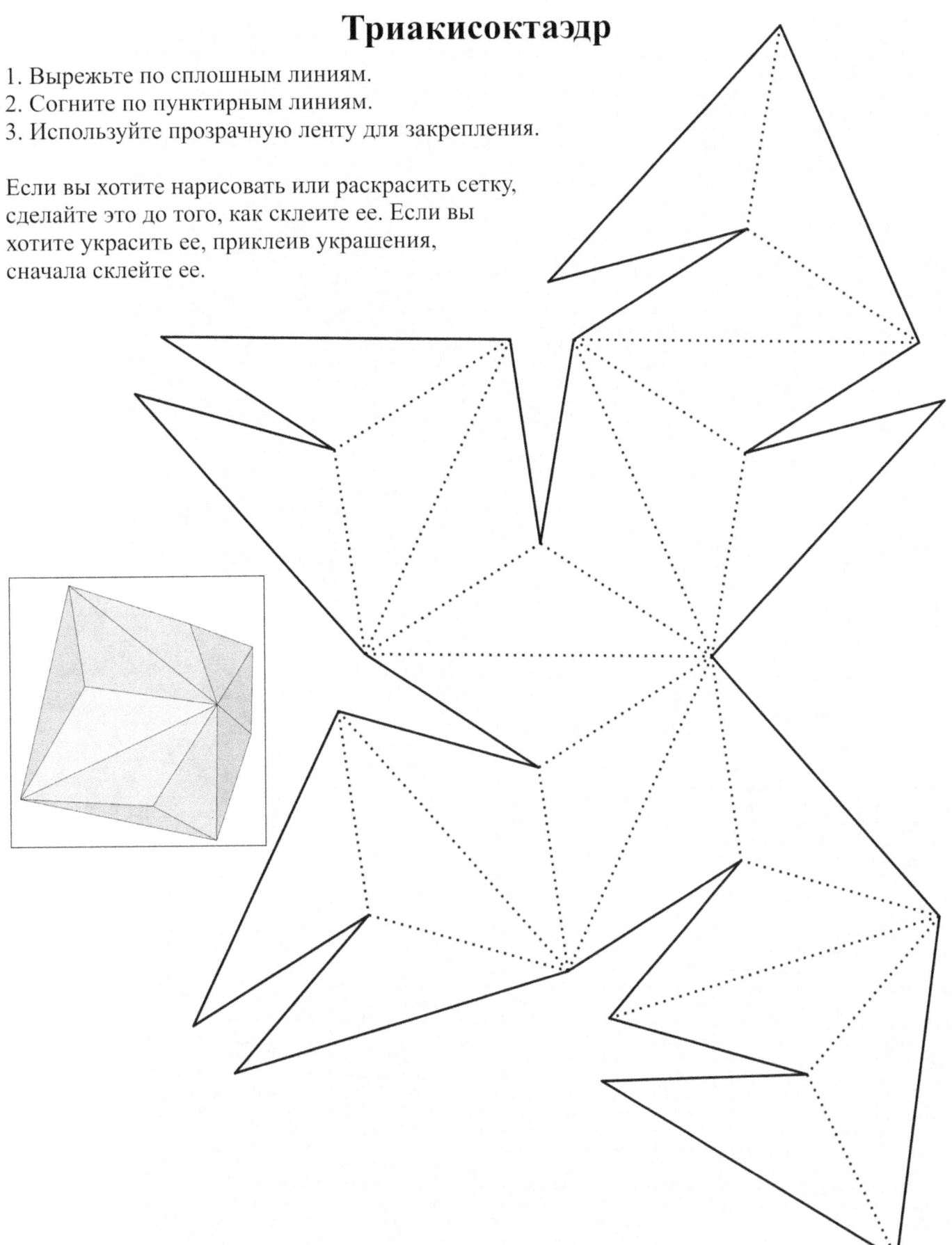

Триакистетраэдр

1. Вырежьте по сплошным линиям.
2. Согните по пунктирным линиям.
3. Используйте прозрачную ленту для закрепления.

Если вы хотите нарисовать или раскрасить сетку, сделайте это до того, как склеите ее. Если вы хотите украсить ее, приклеив украшения, сначала склейте ее.

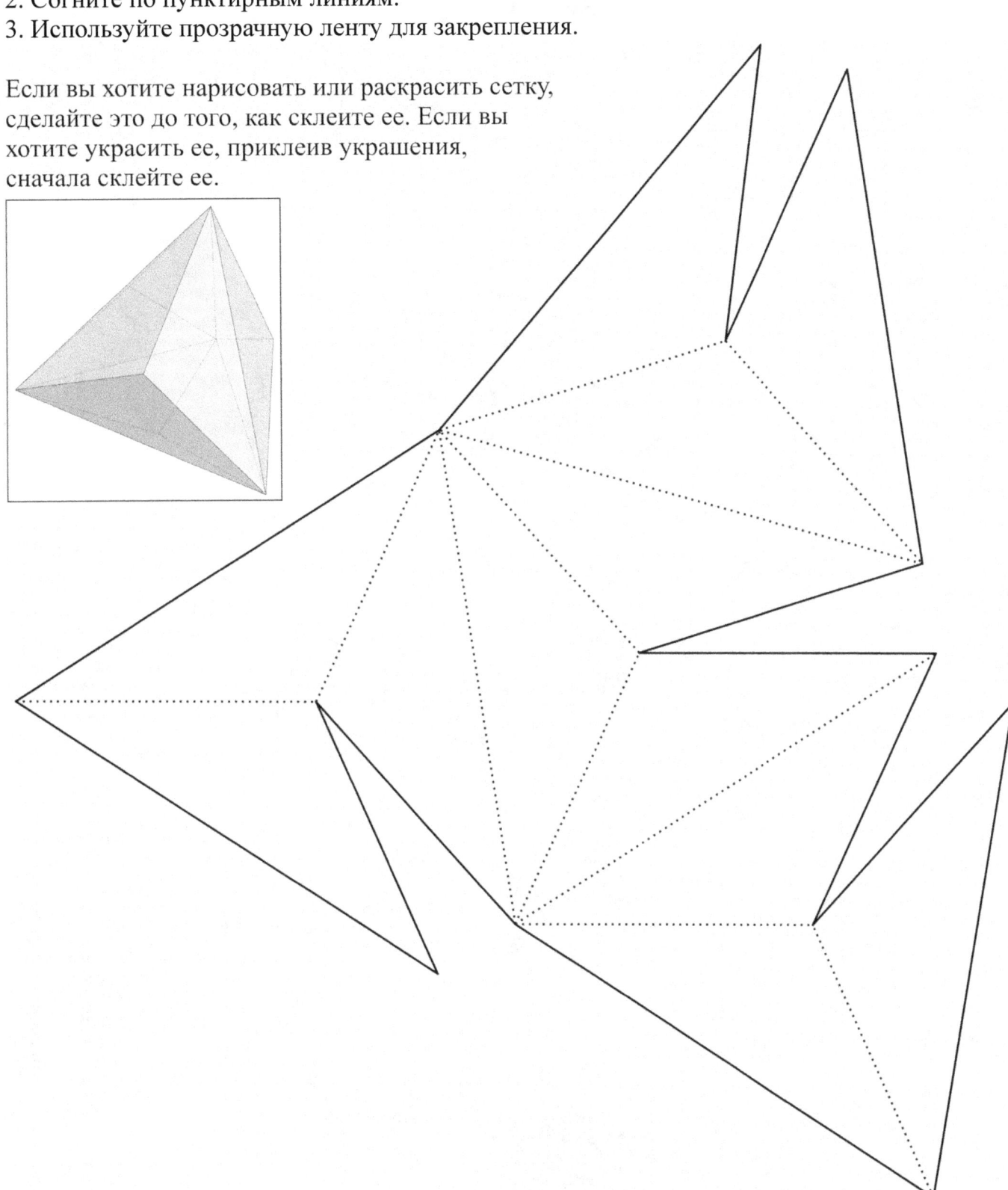

Трёхскатный купол

1. Вырежьте по сплошным линиям.
2. Согните по пунктирным линиям.
3. Используйте прозрачную ленту для закрепления.

Если вы хотите нарисовать или раскрасить сетку, сделайте это до того, как склеите ее. Если вы хотите украсить ее, приклеив украшения, сначала склейте ее.

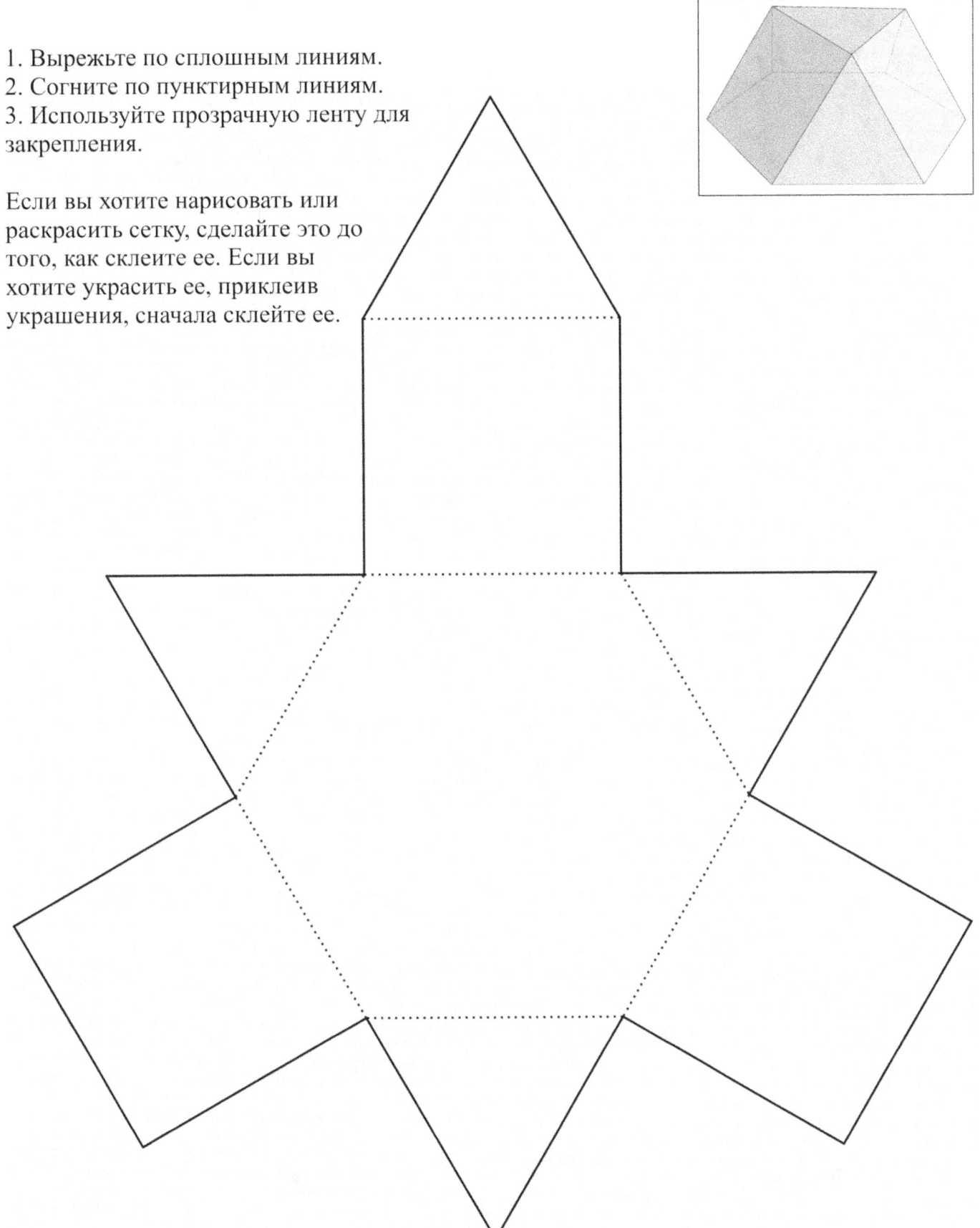

Треугольная бипирамида

1. Вырежьте по сплошным линиям.
2. Согните по пунктирным линиям.
3. Используйте прозрачную ленту для закрепления.

Если вы хотите нарисовать или раскрасить сетку, сделайте это до того, как склеите ее. Если вы хотите украсить ее, приклеив украшения, сначала склейте ее.

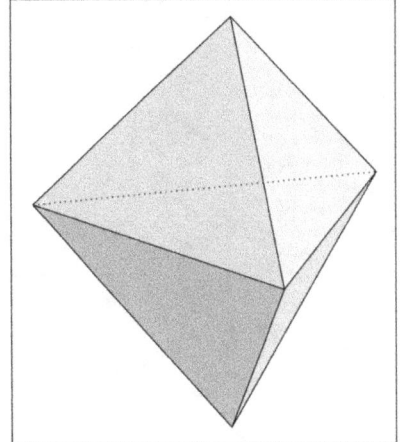

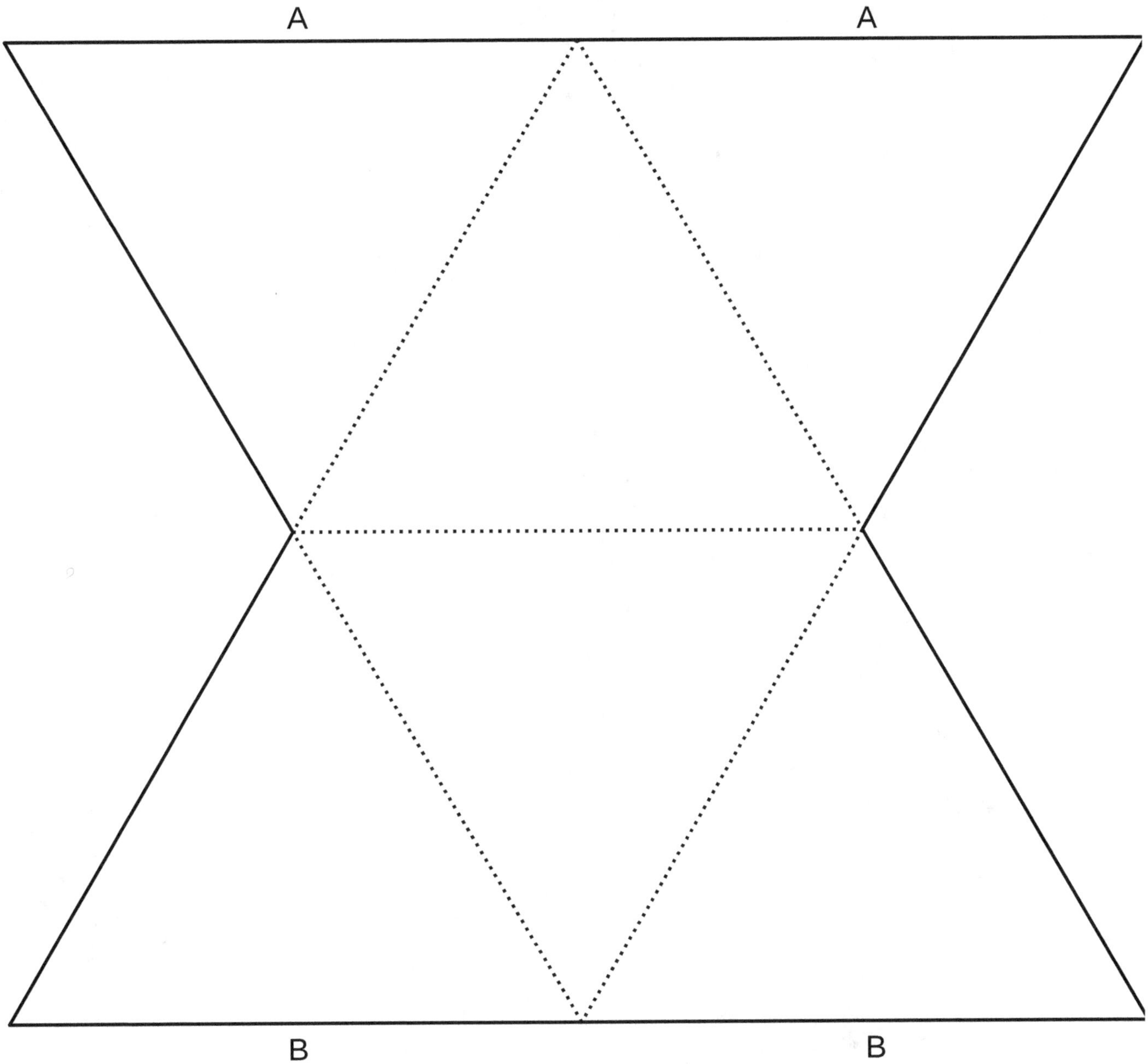

A A

B B

Развёртка многогранника проектная книга автор Дэвид Э. МакАдамс

Авторские права 2024. Разрешено копирование только для случайного некоммерческого использования в образовательных целях. См. уведомление об авторских правах для получения дополнительной информации.

Треугольный пентаэдр

1. Вырежьте по сплошным линиям.
2. Согните по пунктирным линиям.
3. Используйте прозрачную ленту для закрепления.

Если вы хотите нарисовать или раскрасить сетку, сделайте это до того, как склеите ее. Если вы хотите украсить ее, приклеив украшения, сначала склейте ее.

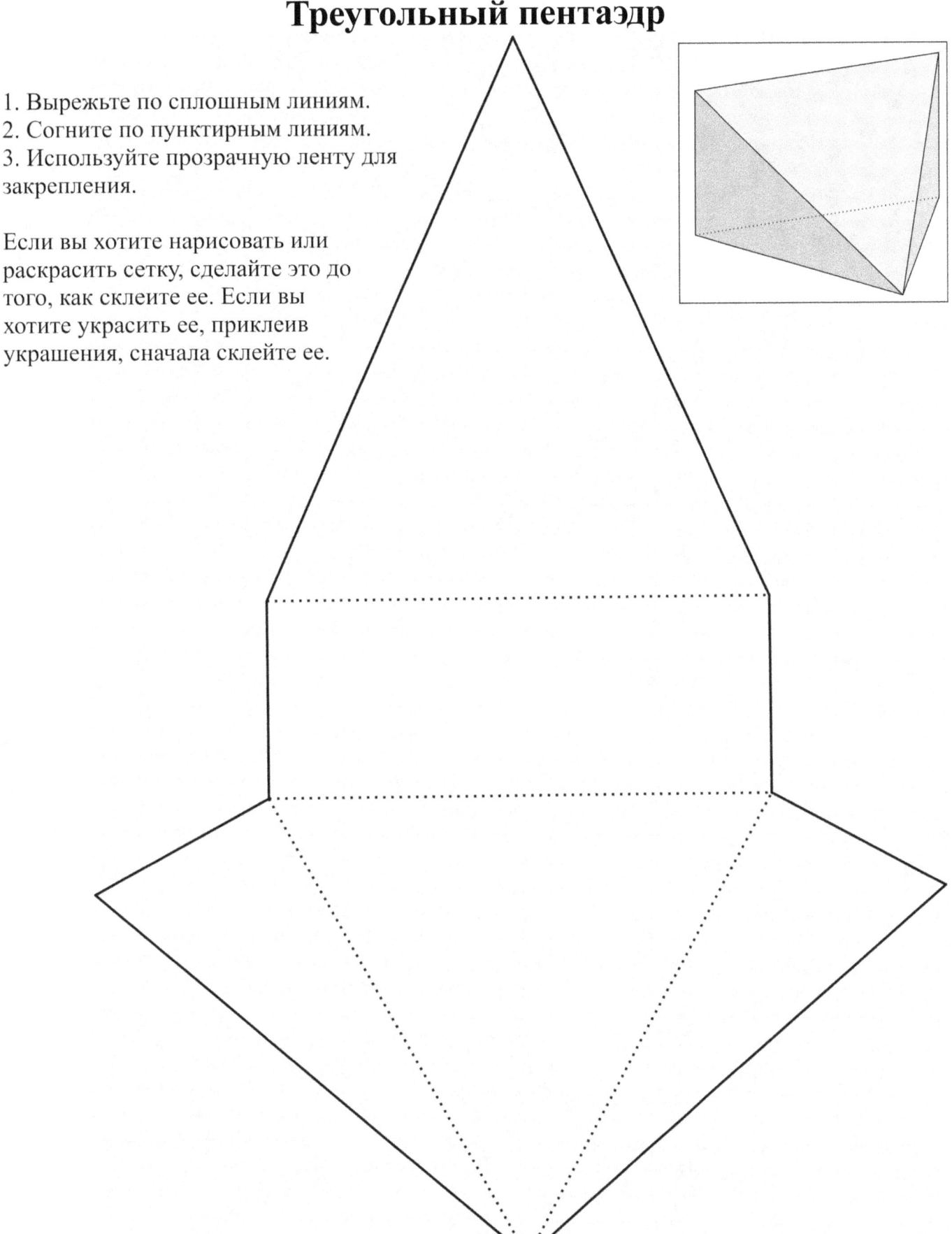

Треугольная призма

1. Вырежьте по сплошным линиям.
2. Согните по пунктирным линиям.
3. Используйте прозрачную ленту для закрепления.

Если вы хотите нарисовать или раскрасить сетку, сделайте это до того, как склеите ее. Если вы хотите украсить ее, приклеив украшения, сначала склейте ее.

Развёртка многогранника проектная книга автор Дэвид Э. МакАдамс

Авторские права 2024. Разрешено копирование только для случайного некоммерческого использования в образовательных целях. См. уведомление об авторских правах для получения дополнительной информации.

Косой Треугольная пирамида

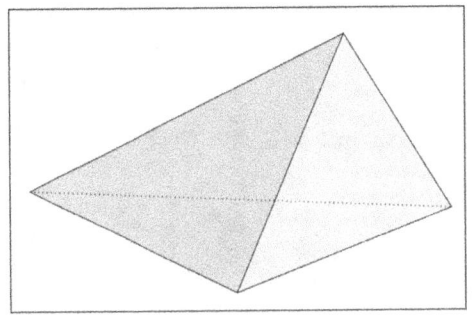

1. Вырежьте по сплошным линиям.
2. Согните по пунктирным линиям.
3. Используйте прозрачную ленту для закрепления.

Если вы хотите нарисовать или раскрасить сетку, сделайте это до того, как склеите ее. Если вы хотите украсить ее, приклеив украшения, сначала склейте ее.

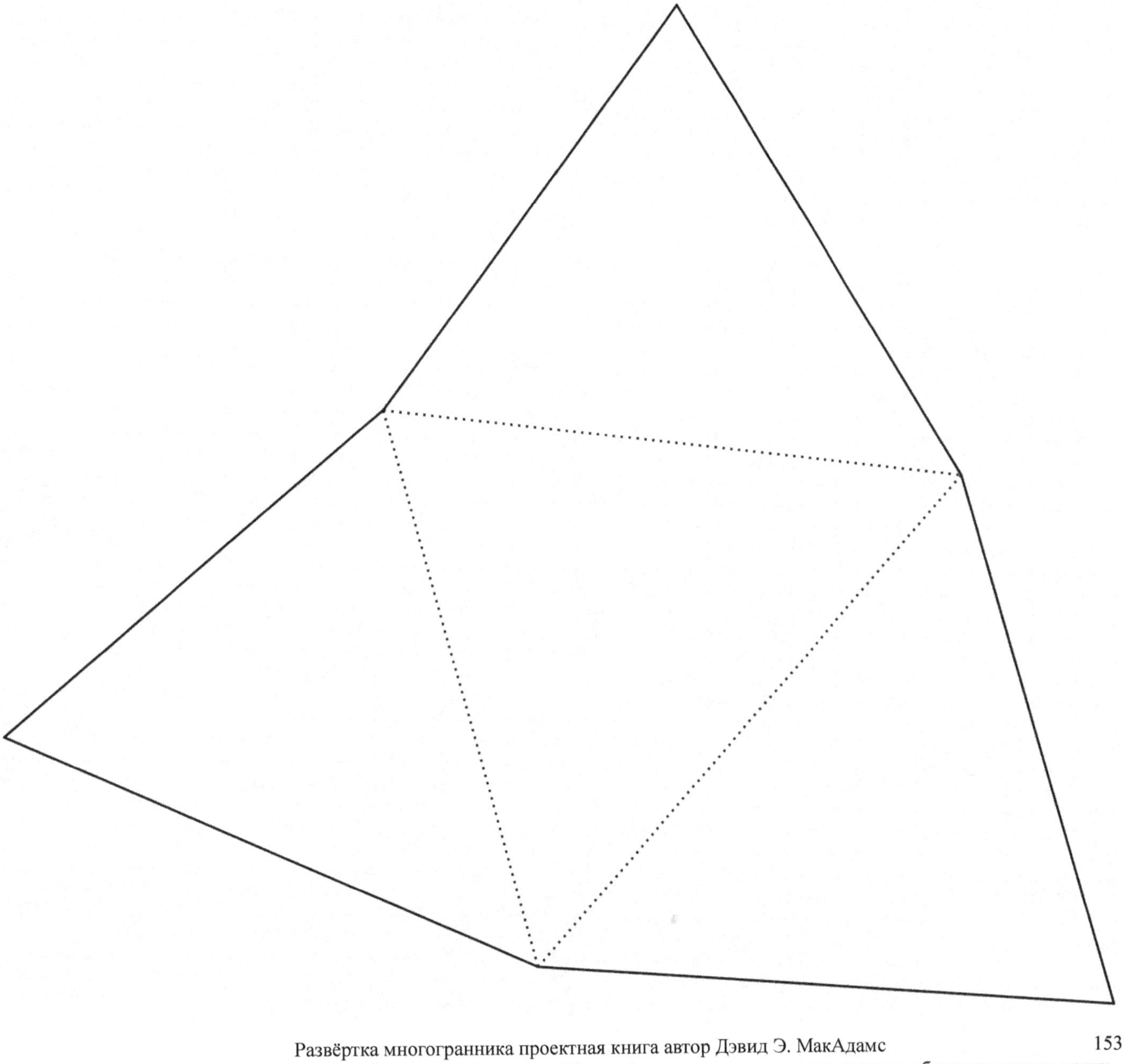

Усечённый куб

1. Вырежьте по сплошным линиям.
2. Согните по пунктирным линиям.
3. Используйте прозрачную ленту для закрепления.

Если вы хотите нарисовать или раскрасить сетку, сделайте это до того, как склеите ее. Если вы хотите украсить ее, приклеив украшения, сначала склейте ее.

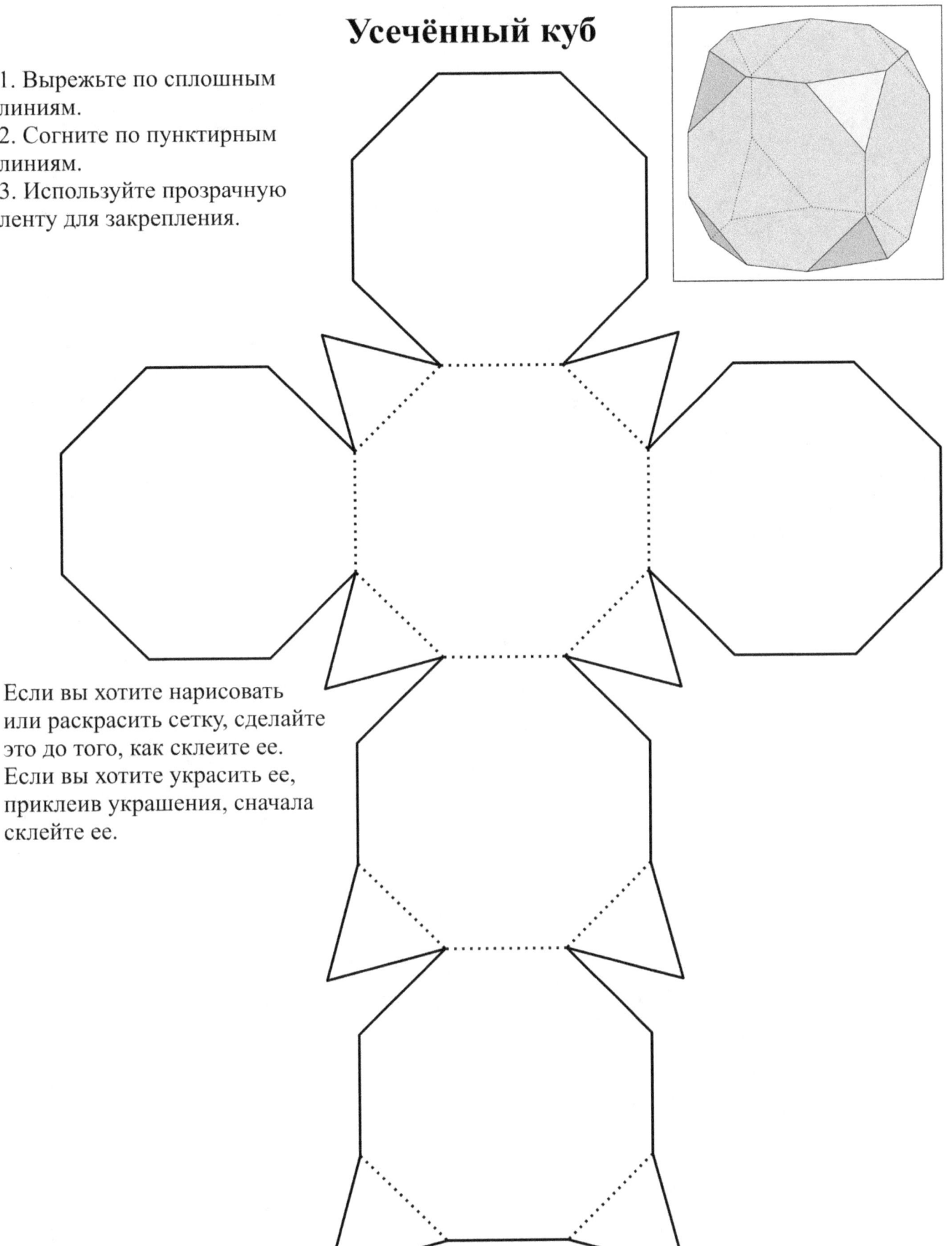

Развёртка многогранника проектная книга автор Дэвид Э. МакАдамс

Усечённый кубооктаэдр

1. Вырежьте по сплошным линиям.
2. Согните по пунктирным линиям.
3. Используйте прозрачную ленту для закрепления.

Если вы хотите нарисовать или раскрасить сетку, сделайте это до того, как склеите ее. Если вы хотите украсить ее, приклеив украшения, сначала склейте ее.

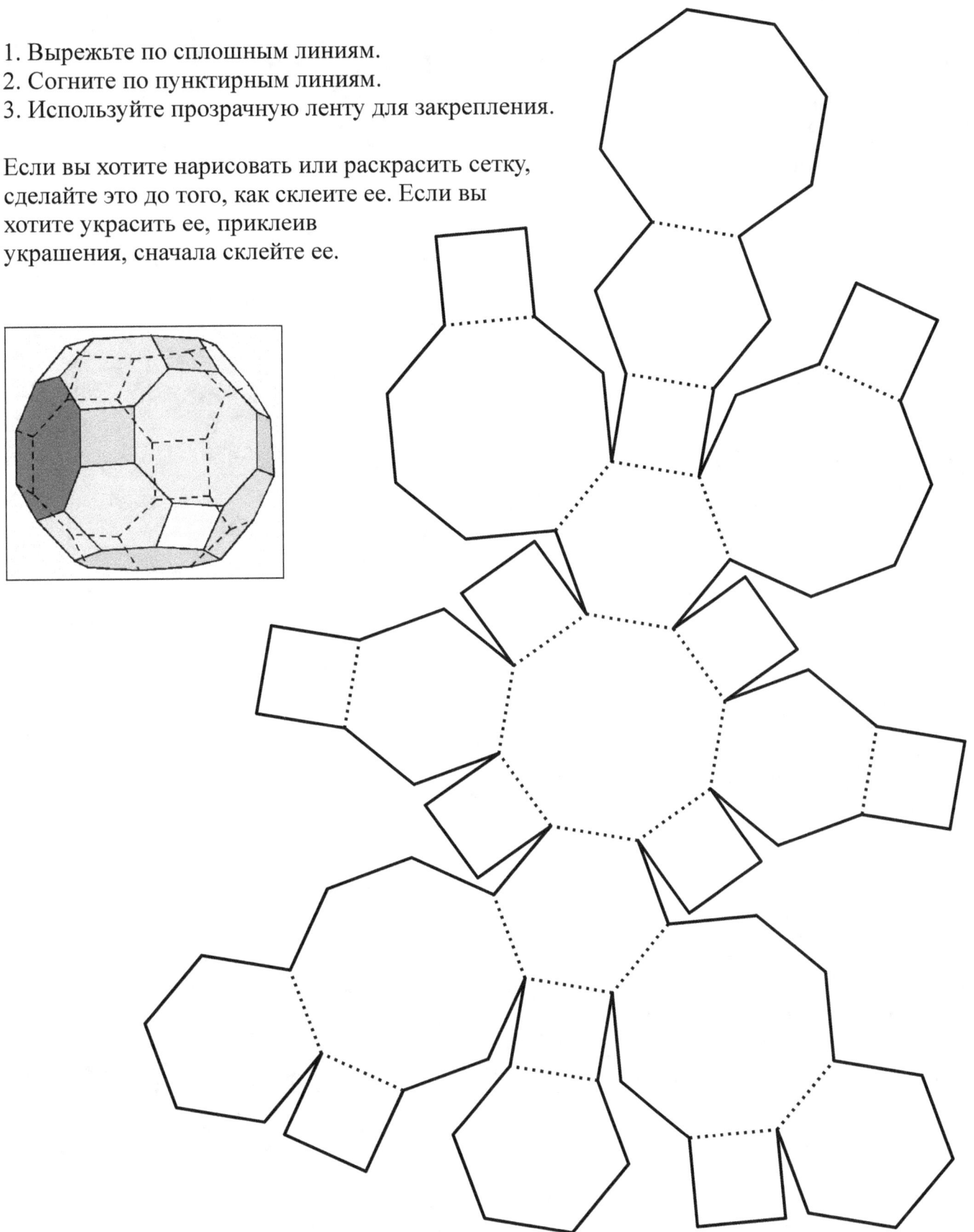

Усечённый додекаэдр

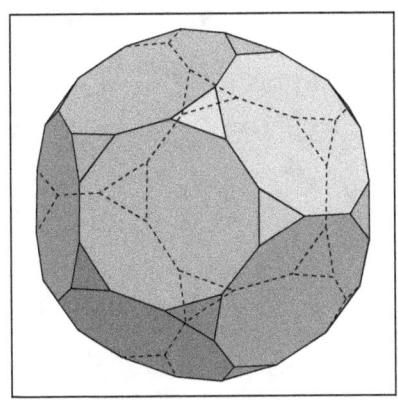

1. Это развёртка многоугольника из двух частей. Вырежьте обе части по сплошным линиям.
2. Прикрепите детали по краям, обозначенным «Q».
3. Согните по пунктирным линиям.
4. Используйте прозрачную ленту для скрепления.

Если вы хотите нарисовать или раскрасить сетку, сделайте это до того, как склеите ее. Если вы хотите украсить ее, приклеив украшения, сначала склейте ее.

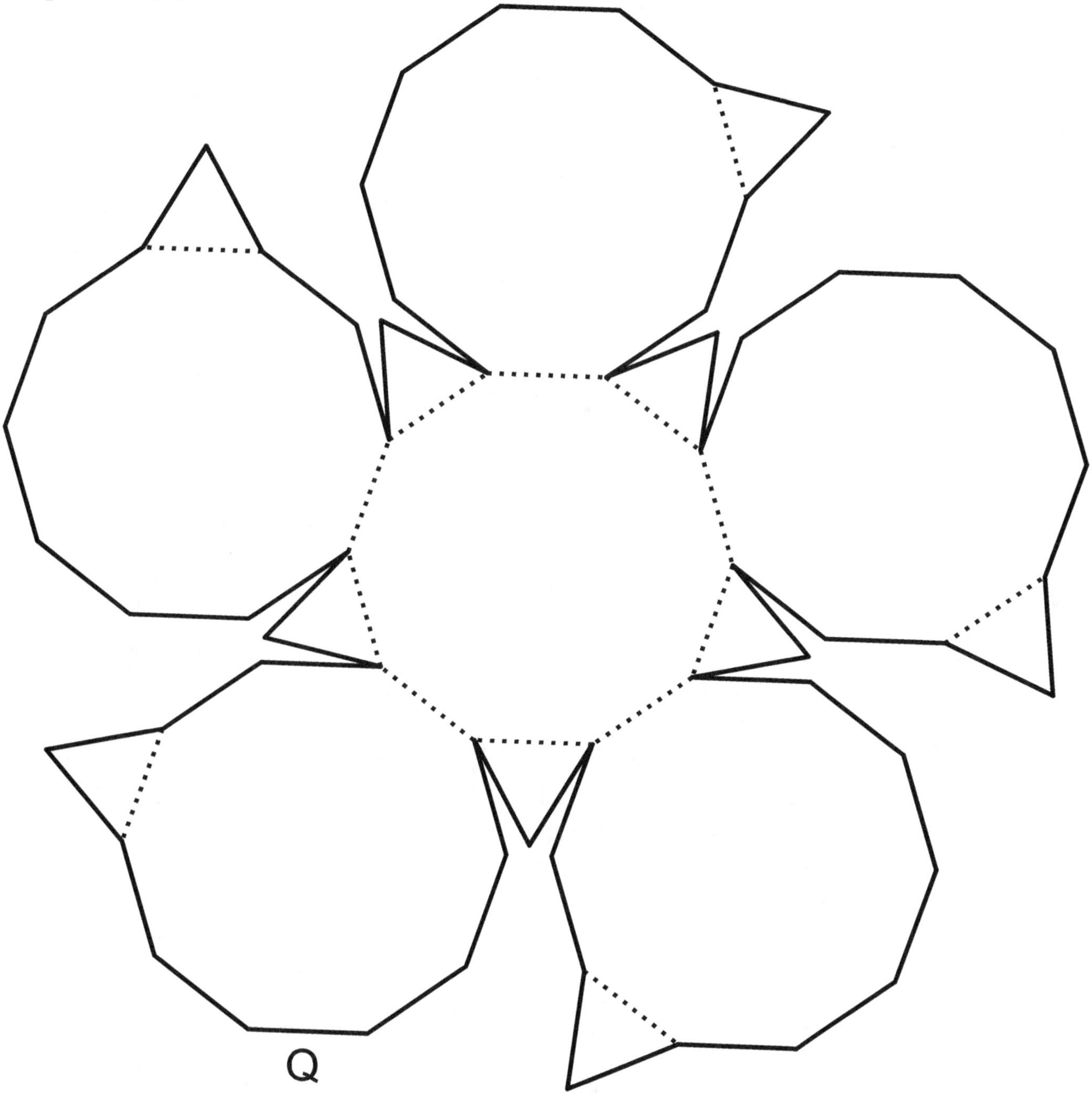

Q

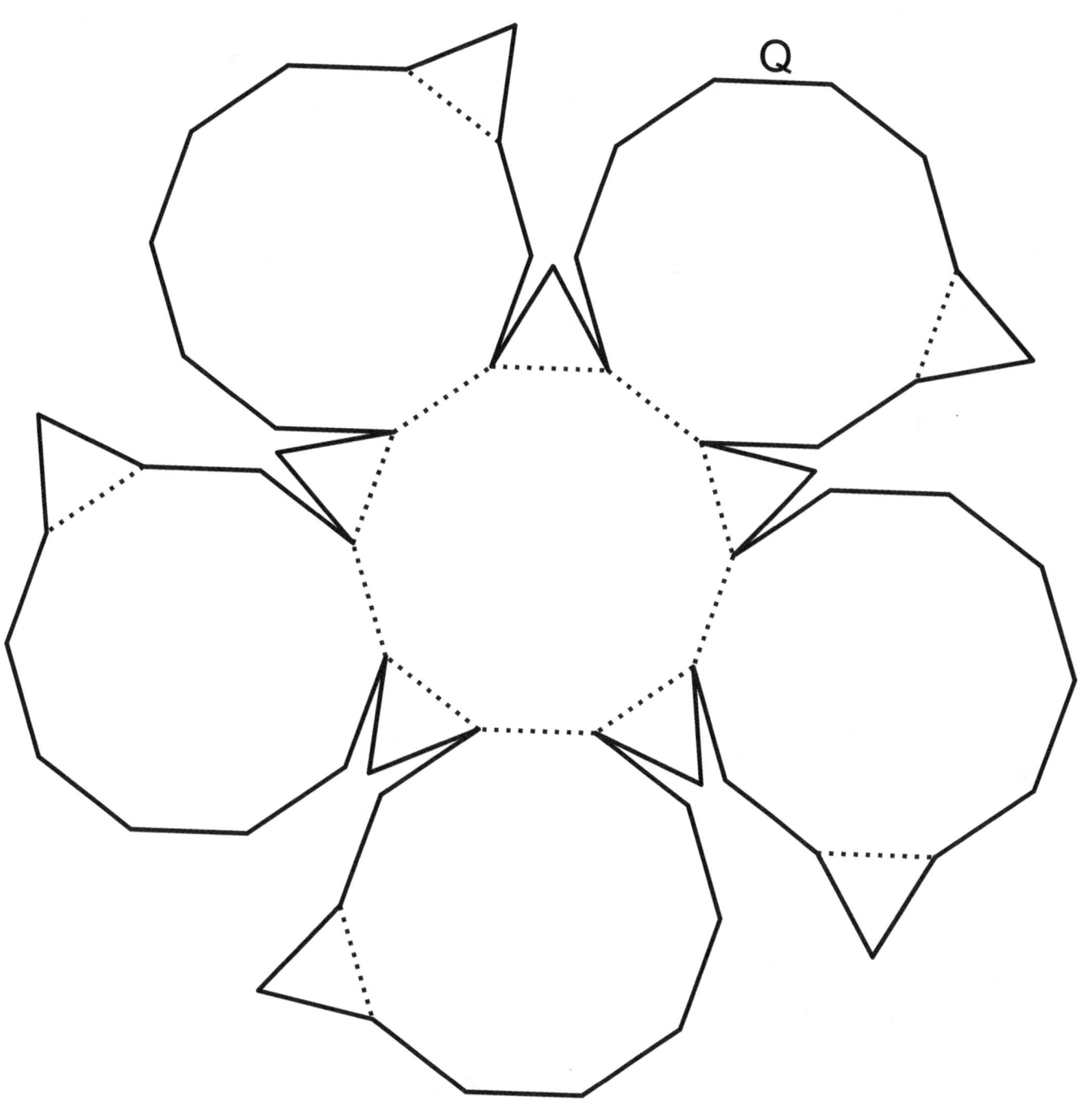

Усечённый икосаэдр

1. Это развёртка многоугольника из пяти частей. Скопируйте эту страницу и следующие две страницы.
2. Вырежьте все части по сплошным линиям.
3. Прикрепите части по краям, обозначенным «B».
4. Согните по пунктирным линиям.
5. Используйте прозрачную ленту для скрепления.

Если вы хотите нарисовать или раскрасить сетку, сделайте это до того, как склеите ее. Если вы хотите украсить ее, приклеив украшения, сначала склейте ее.

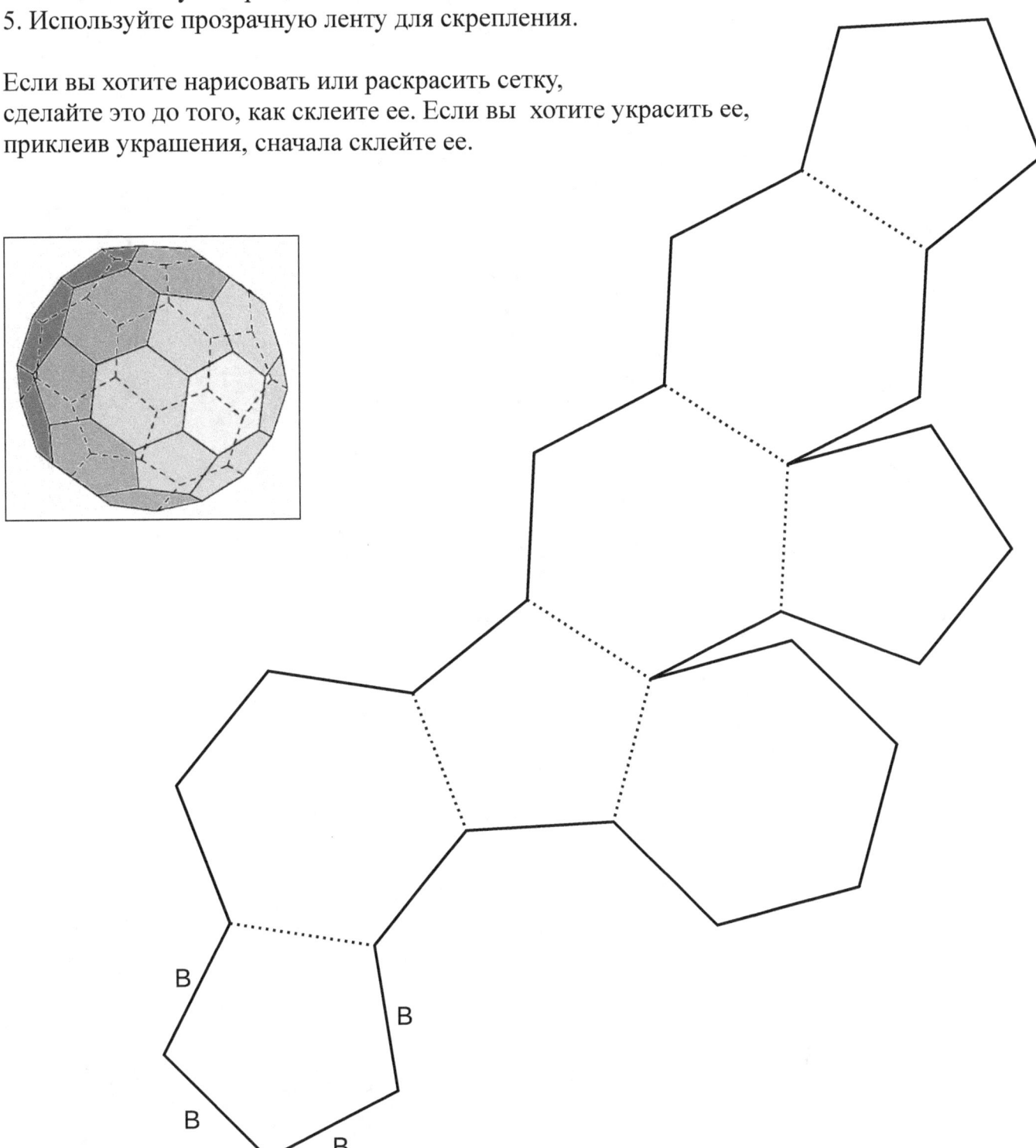

Развёртка многогранника проектная книга автор Дэвид Э. МакАдамс
Авторские права 2024. Разрешено копирование только для случайного некоммерческого использования в образовательных целях. См. уведомление об авторских правах для получения дополнительной информации.

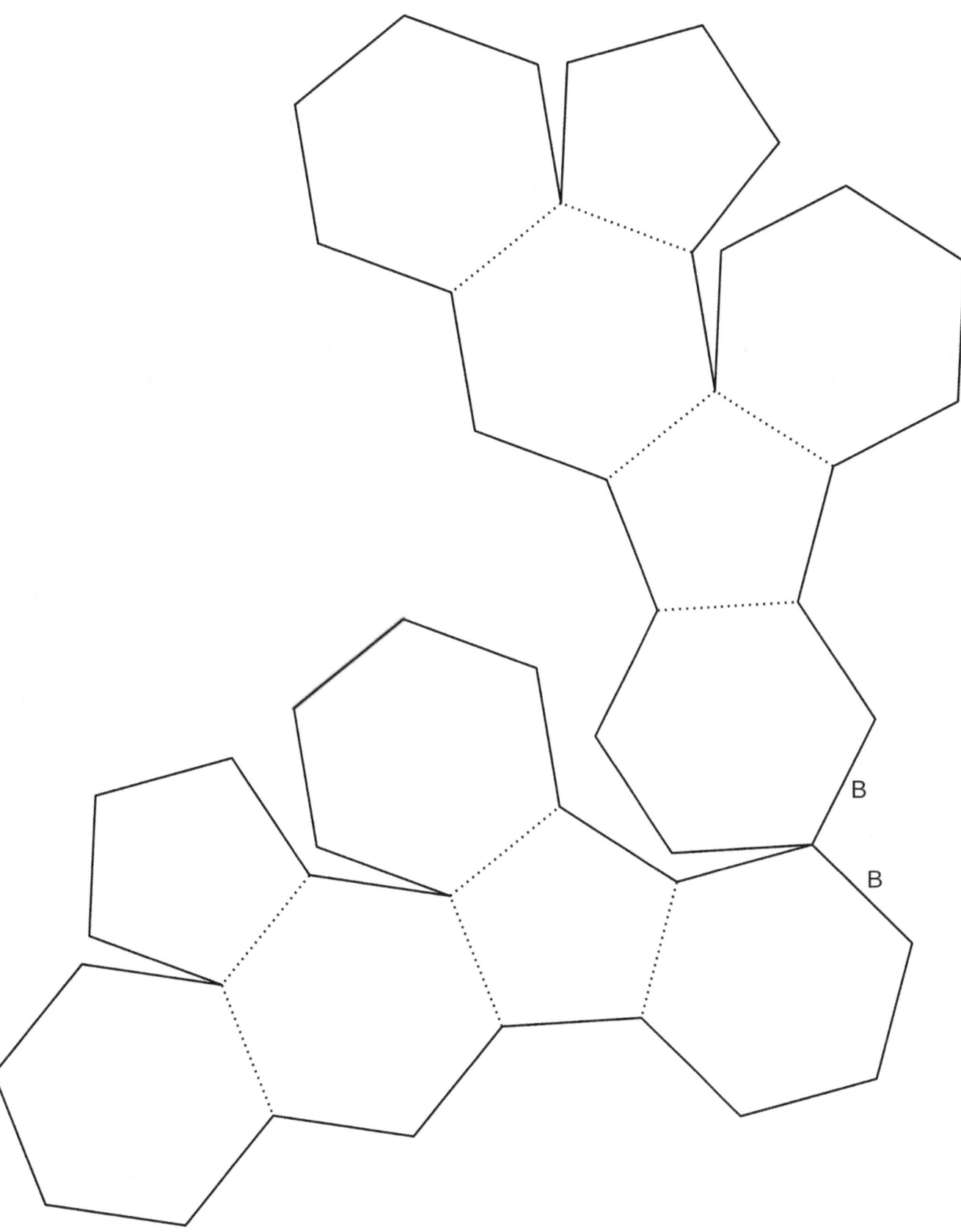

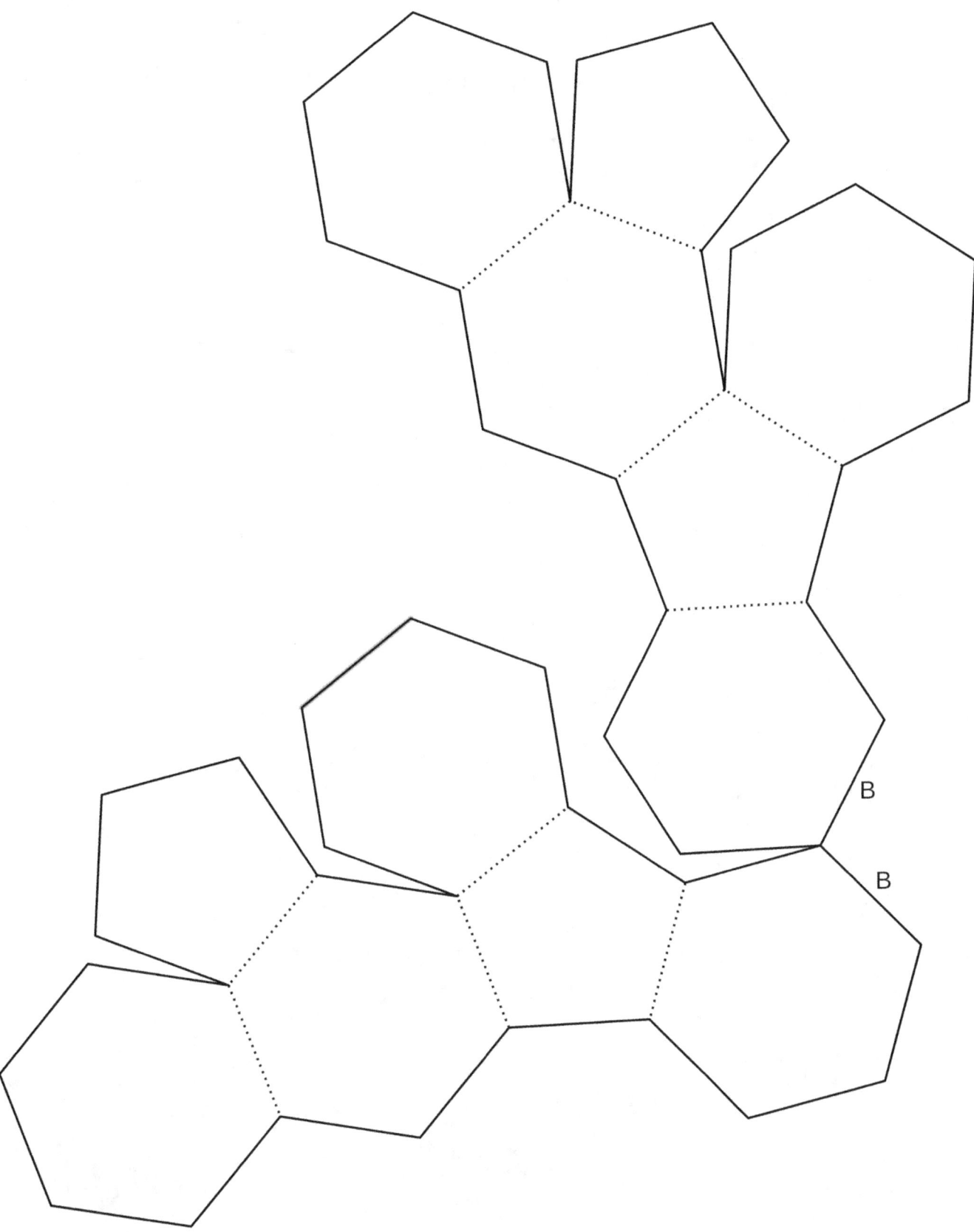

Ромбоусечённый икосододекаэдр

1. Это развёртка многоугольника из пяти частей. Скопируйте эту страницу и следующие две страницы.
2. Вырежьте все части по сплошным линиям.
3. Прикрепите части по краям, обозначенным «А».
4. Согните по пунктирным линиям.
5. Используйте прозрачную ленту для скрепления.

Если вы хотите нарисовать или раскрасить сетку, сделайте это до того, как склеите ее. Если вы хотите украсить ее, приклеив украшения, сначала склейте ее.

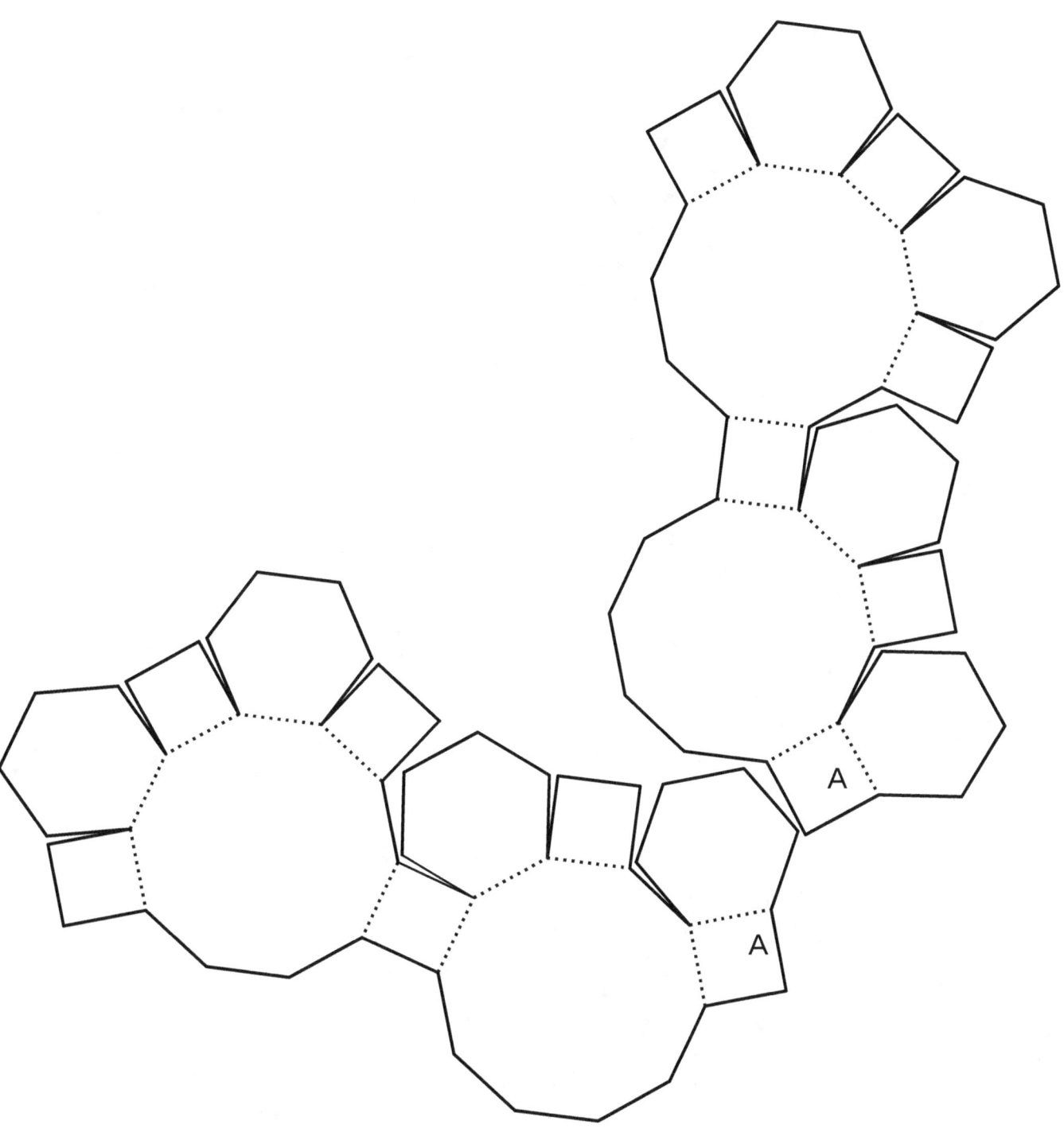

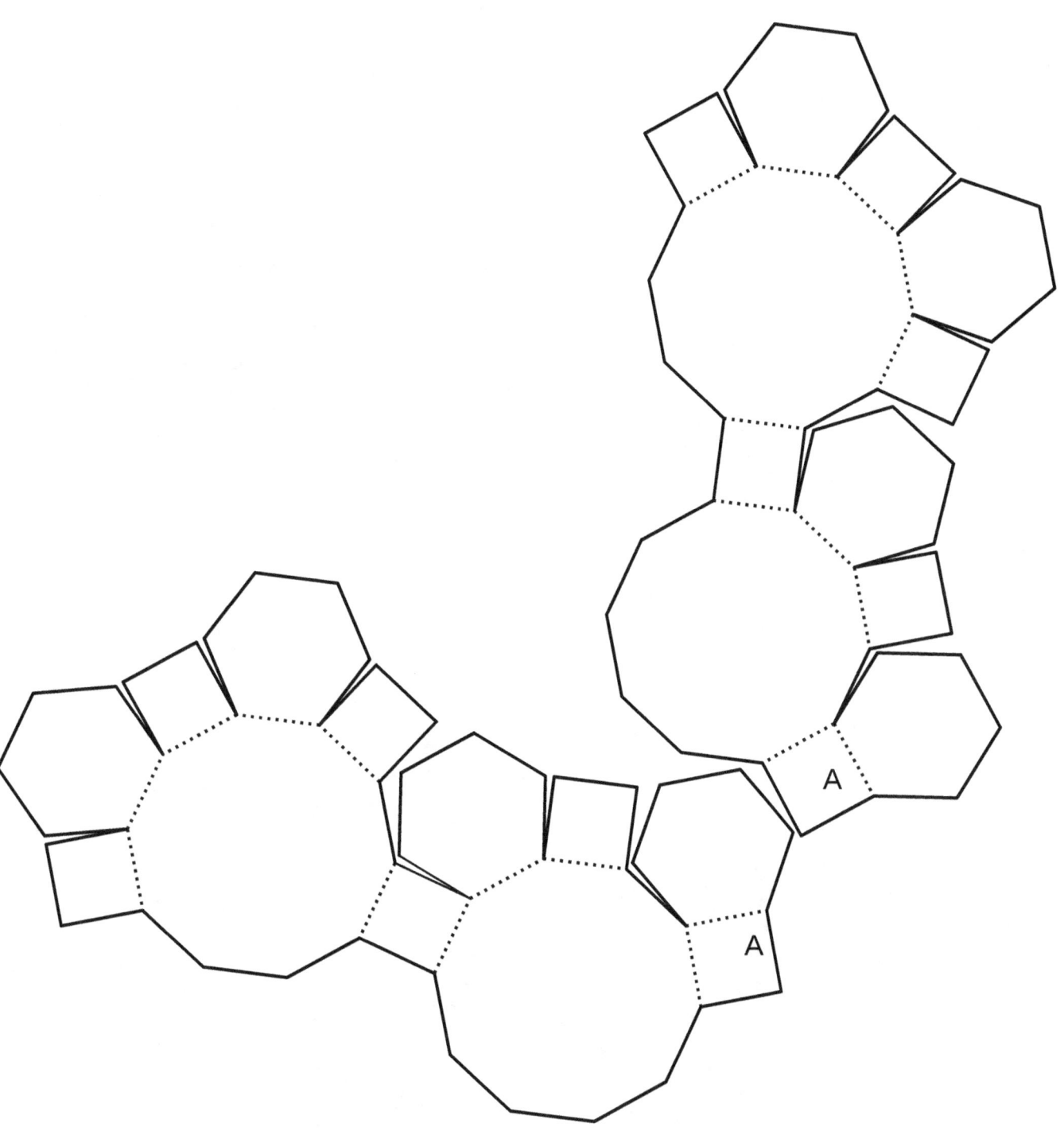

Усечённый октаэдр

1. Вырежьте по сплошным линиям.
2. Согните по пунктирным линиям.
3. Используйте прозрачную ленту для закрепления.

Если вы хотите нарисовать или раскрасить сетку, сделайте это до того, как склеите ее. Если вы хотите украсить ее, приклеив украшения, сначала склейте ее.

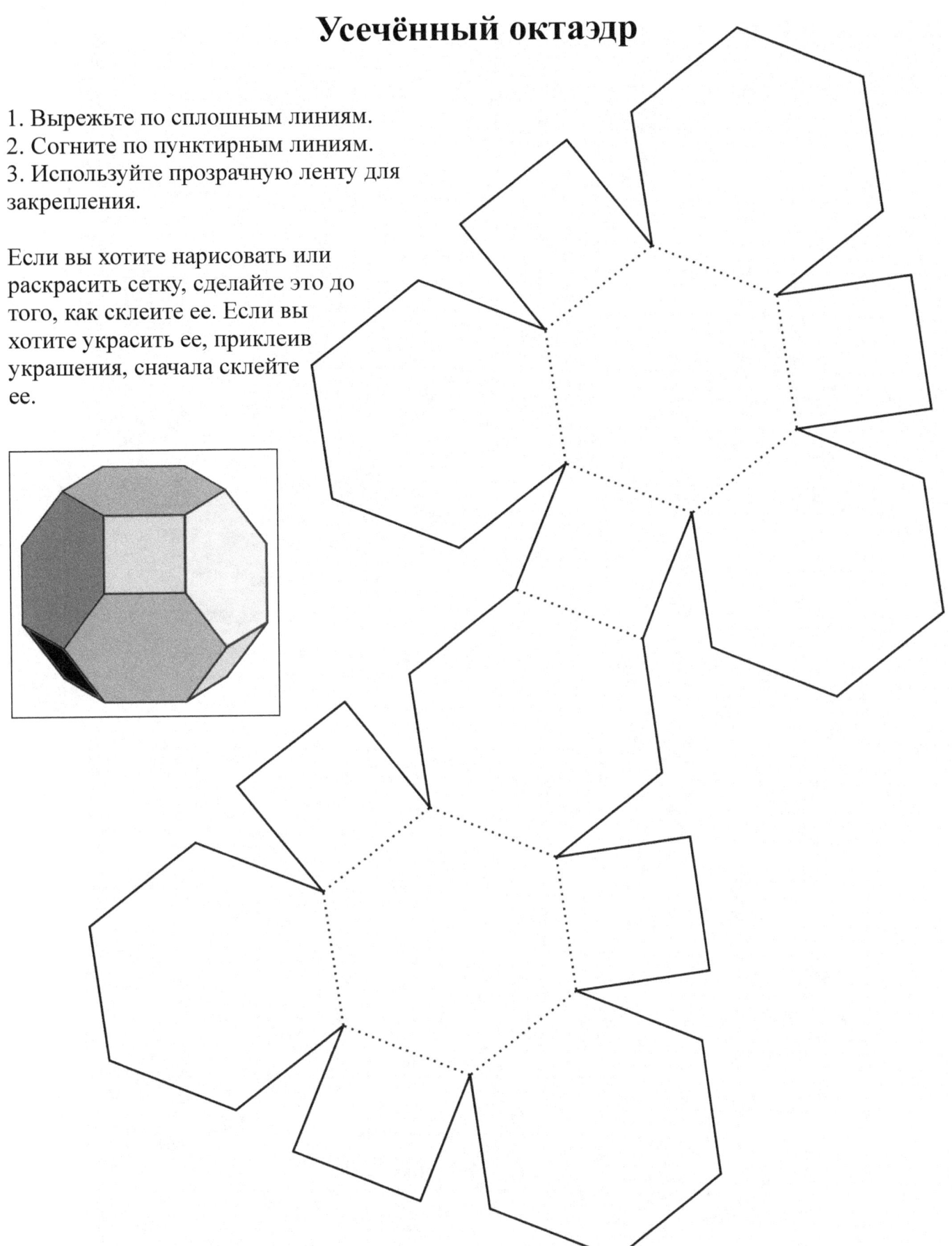

Усечённый тетраэдр

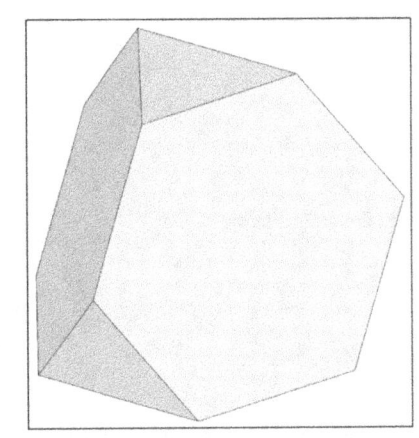

1. Вырежьте по сплошным линиям.
2. Согните по пунктирным линиям.
3. Используйте прозрачную ленту для закрепления.

Если вы хотите нарисовать или раскрасить сетку, сделайте это до того, как склеите ее. Если вы хотите украсить ее, приклеив украшения, сначала склейте ее.

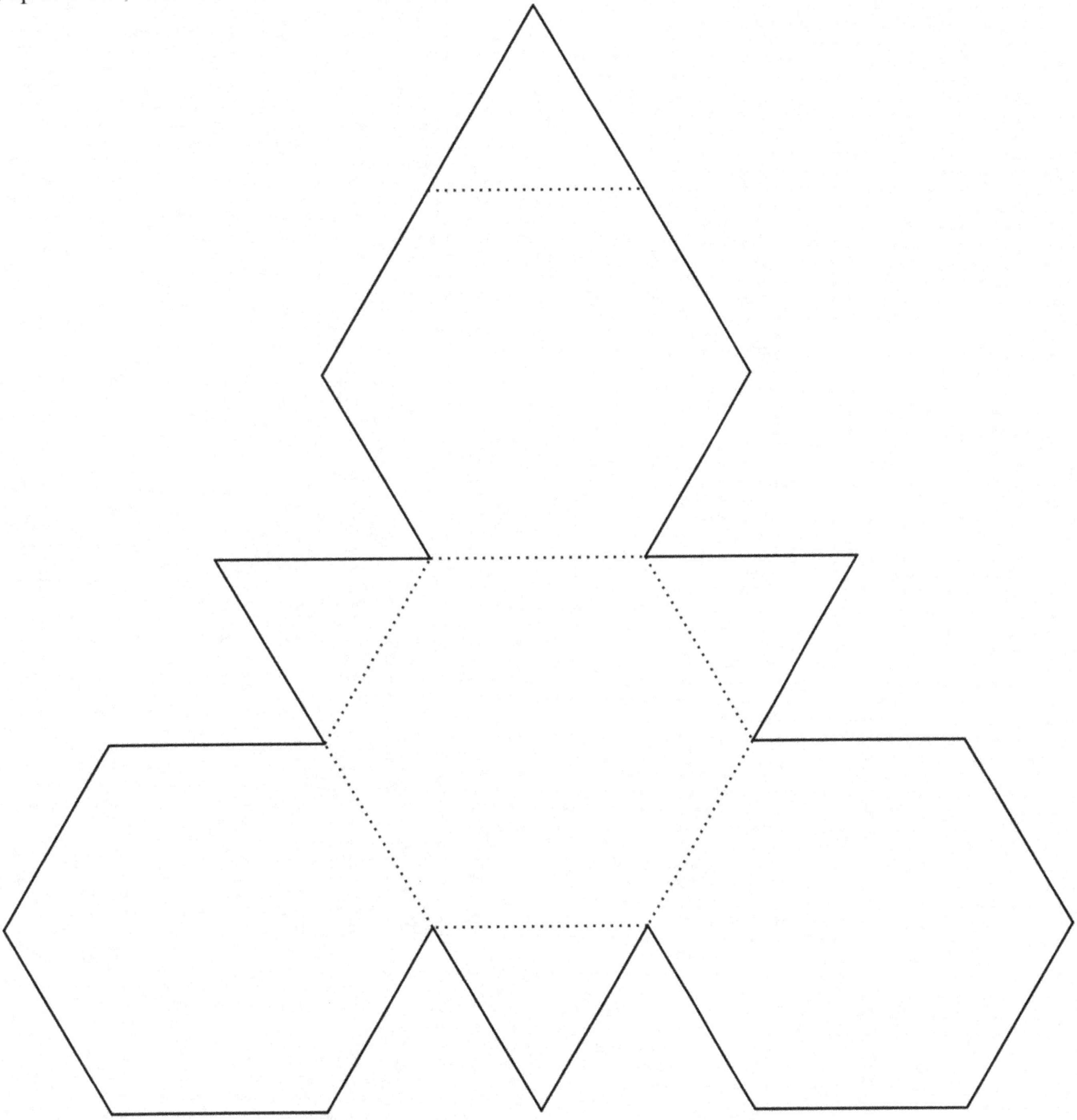

Прямой пятиугольный звезда пирамида

1. Вырежьте по сплошным линиям.
2. Согните по пунктирным линиям.
3. Используйте прозрачную ленту для закрепления.

Если вы хотите нарисовать или раскрасить сетку, сделайте это до того, как склеите ее. Если вы хотите украсить ее, приклеив украшения, сначала склейте ее.

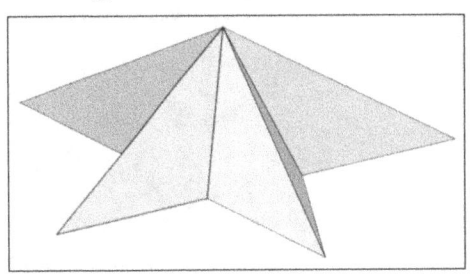

Усеченный квадратный трапецоэдр

1. Вырежьте по сплошным линиям.
2. Согните по пунктирным линиям.
3. Используйте прозрачную ленту для закрепления.

Если вы хотите нарисовать или раскрасить сетку, сделайте это до того, как склеите ее. Если вы хотите украсить ее, приклеив украшения, сначала склейте ее.

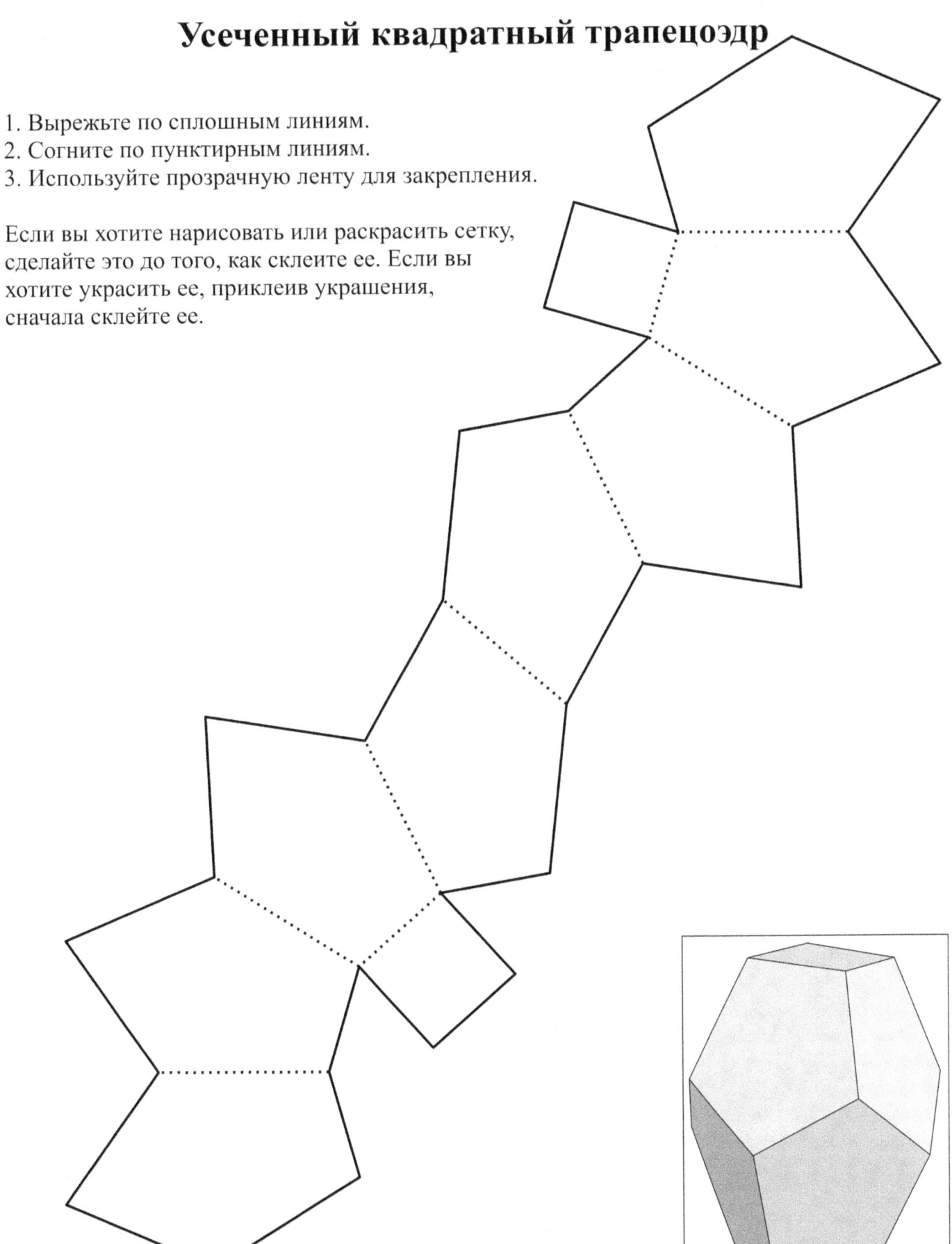

www.ingramcontent.com/pod-product-compliance
Lightning Source LLC
Chambersburg PA
CBHW081445070526
44586CB00019B/2238